大台北步道

步道達人　Tony　黃育智◎著

100 Plus

影音增強版
達人全程帶隊

朱雀文化

推薦序／走讀台北，與山林共舞

繁忙的公務是我的日常，偶爾想喘口氣、放鬆一下，我總愛往鄰近信義商圈的四獸山步道走走，隨意找個登山口，或象山步道、或虎山步道，走上一圈，花個半小時或2、3個鐘頭，讓自己完全沉浸在山林裡，恣意地享受大自然裡的芬多精；如果時間較多，我也愛到貓空走上一遭；或是到竹子湖賞賞花、品嚐在地野菜料理，換得一身的活力，再投入公務之中。

台北市群山環繞，不管往哪個方向、藉由任何一種大眾運輸方式，都能在小時內抵達通往山徑的步道，體會不同高度與角度的台北市景。目前台北市列管的登山步道多達154條，這麼多的步道，就是台北市民的後花園，每一條都是能讓市民抒壓、療癒身心的好去處。

在這154條步道中，自去年開始，臺北市政府工務局大地工程處將分布在山稜線上的步道，彙整連貫成「臺北大縱走」。這條都會型長距離的健行路線，以7段92公里的山林路線，加上38公里長的河濱自行車道，共130公里長的路程，以「山離我們很近」，傳達臺北大縱走的「群山環抱」、「走近（進）自然」、「讓你的旅程充滿綠意驚喜」等視覺意象，讓「臺北大縱走」成為台北市民在新常態的防疫生活中，一條解憂、健康的綠色之路。

「臺北大縱走」是臺北市政府近年規劃「無圍牆博物館」計畫之一，「無圍牆博物館」計畫就是將整座城市視為一座大型博物館，並重新盤點具有歷史意義的建築與街區，用故事帶動觀光人潮與產業發展，在創新、尋根與結合日常

人文生活中,建立起當地的獨特文化風格與生活,並以無圍牆的概念,來強調人跟人、空間與建築物之間的關聯性,並彰顯在地的「尊榮感」,達到台北市民共容與共融,最終能成就共榮。而「臺北大縱走」中的7段山徑各有其具特色、代表性的地景元素及故事,正是希望市民透過走讀這些步道,更加了解台北這個城市。

「臺北大縱走」與《大台北步道100影音增強版:PLUS達人全程帶隊》一書有異曲同工之妙,都是擁有讓民眾親近大自然的初心,希望藉由大自然的力量,讓民眾與自我、與身心展開對話。很高興有機會向讀者推薦《大台北步道100影音增強版:PLUS達人全程帶隊》這本書。這本書擁有100條囊括整個大台北地區的步道,可以讓讀者的視野更深更遠,特別的是書中除了圖文並茂的介紹之外,還有其他旅遊書少見的步道影音影片,讀者以手機掃描QRcode,就可以看到作者前往步道中所拍攝的沿途景觀,對首次想前往該條步道的讀者,出發之前可以對步道先有初淺的概念,這個做法非常具有創意,很值得推薦!

不論是「臺北大縱走」,還是《大台北步道100影音增強版:PLUS達人全程帶隊》一書,我都希望讀者們能從家中走出去,我們一起走讀台北、「親近山、接近山、尊敬山」,與山林共舞!

臺北市政府副市長

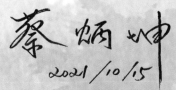

2021/10/15

(編按:由於「臺北大縱走」及「臺北市政府」之「臺」為官方使用文字,故以「臺」取代「台」。)

作者序 / 悠遊步道，舒展心情，追求更逍遙適意的人生

我從中年開始登山旅行，悠遊於大台北地區的山林，迄今二十年。

台北盆地可說是得天獨厚，四周環山，外有大海。群山之間，淡水河、基隆河、新店溪及無數小溪流經其中，方圓幾十公里內，有山峰、峭壁、峽谷、溪流、瀑布、溫泉、草原、森林等各種風景；山村聚落，有古道、山徑、水圳、梯田、茶園、礦坑等人文風貌；海岸漁村，有河港、沙洲、濕地、沙灘、礁岩、岬角等自然景觀，可以滿足各種旅遊興趣，因此我特別喜愛在台北近郊旅行。

在台北盆地旅行，相對便利，搭乘大眾捷運系統或公共交通工具，可以輕鬆抵達許多近郊的景點或步道入口。一天之內，上山下海；短短半天，即可遠離塵囂，徜徉於大自然，偷得浮生半日閒。

我在台北旅行二十年，曾出版《大台北自然步道100》第一集、第二集，介紹大台北自然步道之美。近年來，政府積極推動休閒旅遊，步道建設推陳出新，原有兩本書的內容已需再補充更新，以符合新的需求，因而有了這本新書的誕生。這本書綜合原《大台北自然步道100》第一、二輯的菁華，更新內容，同時也搜錄了近年來大台北地區新建設完工的自然步道。

　　我自中年之際開始登山旅行，特別偏好路程適中、路線簡單的輕鬆步道小旅行。因為對我來說，登山旅行並不是為了追求成就或挑戰顛峰，而是嚮往大自然，透過旅行，舒展心情，追求更逍遙適意的人生。

　　這本書的步道選輯，反映了我這樣的理念。全書所選的100條步道，大多數為平易近人的自然步道，特別適合初入門者或有點年紀的人，也適合做為親子郊遊的參考指南。做為步道指南工具書，這本書介紹的每一條步道，包括很實用的資訊：例如步道地圖、路程時間、交通資訊、附近景點及旅行建議。每條步道入口都標註衛星定位導航（GPS）符號，讀者可以用手機地圖導航，只要輸入關鍵字，即可輕鬆導航至步道入口；地圖也標示步道沿途公廁位置的實用資訊。此外，這本書大多數的步道也附有影片QRCode，可以以手機掃描直接連結至我拍攝步道影片，了解步道的真實情境。這本書就像是一位紙上嚮導，陪伴您悠遊大台北地區的自然步道。

　　這本書的寫作期間，適逢台灣遭遇新冠肺炎第三級警戒，我被迫暫時中止外出旅行，全心投入書本編寫。希望這本書，能成為您接近山林的好幫手。疫情過後，祝福所有朋友們，悠遊山林，走出更健康的人生。

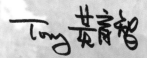

目錄 ♥ *Contents*

PART 1

台北市步道漫遊

基隆市
步道漫遊

主題式步道目錄一覽

♀ 如何使用本書

本書一共100條步道，讀者可以依地區/主題做選擇，根據自己的時間與體力，安排適合自己的遊程，相信透過步道接近大自然，能夠療癒我們的身心靈。

A

100條步道分布於整個大台北區，依直轄市及市區分為：台北市、新北市及基隆市。

B

再於每個直轄市及市中，再細分各行政區。

C

步道的名稱

D

主題式步道分類

E

主題式步道的所在區域

F

適合親子遊的步道

G

搭捷運可抵的步道

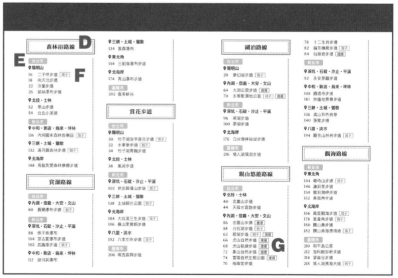

1 步道區域： 步道所在位置，是位於哪個直轄市（或市）／區域

2 步道編號： 100條步道中第幾條

3 步道名稱： 步道名稱及此步道的遊賞重點

4 影音QRCode： 由作者自行拍攝及剪輯的步道影片

5 步道難易度： 腳丫子圖案越多，表示步道越好走。

6 步道指南： 這本書介紹的每一條步道，包括很實用的資訊：例如步道地圖、路程時間、交通資訊、附近景點及旅行建議。每條步道入口都標註衛星定位導航（GPS）符號，讀者可以用手機地圖導航，只要輸入關鍵字，即可輕鬆導航至步道入口；地圖也標示步道沿途公廁位置的實用資訊。

地圖符號說明

 寺廟

 洗手間

火車站

捷運站

國道

定位點

步道入口

餐飲

 停車場

公車站

旅客服務中心

台北市
步道漫遊

01 / 二子坪步道
森林浴、賞蝶、賞芒、無障礙步道

國家公園五星級步道
娃娃車輪椅輕鬆上路

　　二子坪位於大屯火山群的山谷地帶，是陽明山國家公園著名的避暑地。二子坪步道有「五星級步道」的美譽，無障礙的步道設施，娃娃車、輪椅都可以輕鬆推著上路。步道入口的二子坪遊客服務站，也提供假日免費出租輪椅的貼心服務。

　　二子坪步道全長1.8公里，沿途擁有怡人林蔭環境，有無障礙的平坦步道，也有碎石子土路，提供遊客不同的步行選擇。春天時，蝴蝶飛舞，是著名的賞蝶廊道。遊客行走於綠意盎然的森林裡，享受大自然的天籟饗宴，輕鬆步行約30分鐘即可抵達二子坪遊憩區。

　　春夏行走二子坪步道，彩蝶飛舞、夏蟬爭鳴；秋冬造訪此地，則有大屯秋芒美景。二子坪遊憩區為平坦谷地，有池塘、小橋、涼亭，周遭群山環繞，仰觀山雲，俯看池水，讓人宛如身處桃花源。

　　若體力及時間允許，還可從二子坪遊憩區續行至向天池，長約2.5公里，或登附近的大屯山、面天山、向天山。陽明山國家公園步道設施完善，沿途指標清楚，不怕迷路，可根據個人體力及興趣選擇不同的路線。

● 二子坪無障礙步道

● 二子坪秋芒盛開（往面天坪途中）

地圖

往淡水/三芝　　　百拉卡公路

大屯自然公園　　二子坪　　　往金山
遊客服務站　　　　　　　　　　往小油坑

向天山　面天山　　二子坪步道

向天池　　　　　　二子坪　　　往竹子湖
　　　　　　　　　遊憩區

太子碑　　面天坪　大屯坪　　大屯主峰

往興福寮　　　　　　　　　　往竹子湖

往清天宮　　大屯南峰　　　　陽明書屋

大屯西峰

往中正山　　　　　　　　　往台北

百拉卡公路口

陽金公路

步道路況

👣👣👣👣👣

（路況良好，老少咸宜）

路程時間	二子坪遊客服務站→30分鐘→二子坪遊憩區（1.8公里）
交通資訊	【自行開車】地圖衛星導航輸入「二子坪遊客服務站」，即可導航至百拉卡公路二子坪遊客服務站入口旁的停車場。 【大眾運輸】從陽明山公車總站搭遊園公車108至二子坪步道入口。或搭乘皇家客運1717（台北－金山線）至七星山公車站下車，步行百拉卡步道約1小時至二子坪步道入口。
附近景點	百拉卡步道、大屯自然公園、大屯山、面天山、向天山、向天池。
旅行建議	四季皆宜。5～7月蝴蝶季賞蝶、11～12月二子坪賞秋芒。

二子坪生態池

02 / 向天池步道
森林浴、太子碑、火山口遺跡

最完整的火山口遺跡
松林小徑森林浴路線

向天池位於向天山的東南側，是陽明山國家公園內最完整的火山口遺跡，直徑370公尺，深130公尺，底部平坦，大部分的時候處於乾涸狀態，只有豪雨過後才會積水成池，形成美麗的湖景。

前往向天池，可以從二子坪、新北投復興三路520巷底的清天宮，或從淡水興福寮真聖宮爬往向天池。興福寮至向天池的路線最短，但爬坡路段最陡峭，走來較為辛苦。

從新北投清天宮往向天池的這條步道，也稱為「清天宮步道」，以石階步道為主，沿途多為竹林及農家拓墾地。隨著地勢愈高，路旁漸漸出現高聳的松林景觀，這是早期大屯山造林的遺跡。上行大約50分鐘，抵達往二子坪、向天池的岔路口，至此結束長達1公里的上坡路段。由此取左行，往向天池約1.2公里，岔路口附近的步道旁有一塊「太子碑」，紀念1923年日本皇太子裕仁來台巡視。過太子碑之後，步道平緩，偶見高聳松樹，又有宛如綠色隧道的青翠竹林。

大約20分鐘路程，即抵達向天池。無水時的向天池宛如谷地草原。向天池環湖步道，繞行一圈約20分鐘。向天池有著名的湖沼枝額蟲，俗稱「向天蝦」，枯水時期，以休眠方式存活，只有在湖水形成時，才能發現牠們的蹤跡。

● 太子碑

● 向天池步道（往興福寮）

步道路況

（清天宮步道前段上坡較多陡峭石階）

往百拉卡公路

向天山　面天山　二子坪

向天池　　　　　　大屯坪　大屯主峰

面天坪

興福寮步道　　　　太子碑　　大屯西峰　大屯南峰

三聖宮　　太上老君道祖廟

往小坪頂　興福寮　向天池步道
（清天宮步道）

真聖宮　　　　　　中青礐
老榕樹　　清天宮

521巷16弄　　　　　　　　　520巷

下青礐步道　下青礐　521巷　復興三路　大屯國小

往貴子坑　　　　　　　　　往新北投

路程 時間	清天宮→50分鐘→岔路口→8分鐘→太子碑→20分鐘→向天池（註：向天池→60 分鐘→興福寮→40分鐘→清天宮）
交通 資訊	【自行開車】地圖衛星導航輸入「新北投清天宮」，即可導航至北投區復興三路 　　　　　　終點清天宮，附近路旁空地停車。 【大眾運輸】搭捷運淡水信義線至北投，再轉乘小6公車由北投復興站至清天宮。
附近 景點	向天山、面天山、大屯山、二子坪、興福寮步道。
旅行 建議	從二子坪步道前往向天池，步道全長約4.3公里，雖然距離較遠，但步道較為平 緩，較適合親子健行。清天宮步道或興福寮步道都有較長的石階陡坡路段。

● 向天池經常處於乾涸，宛如草原谷地。

03 / 夢幻湖步道

台灣水韮保護區、生態湖、七星公園

如夢如幻的生態湖泊
台灣水韮的保護棲地

夢幻湖步道屬於冷水坑環形步道系統之一，步道入口位於冷水坑附近的夢幻湖停車場，石階步道長約0.5公里，步行約20分鐘，接水泥小車道，續行不遠，即抵達夢幻湖。

夢幻湖為生態保護區，是台灣特有植物「台灣水韮」的唯一天然棲地。湖水周遭常年雲霧飄渺，湖面迷迷濛濛，山湖忽隱忽現，如夢似幻，因而被稱為「夢幻湖」。湖畔設有觀景平台提供遊客觀賞湖水生態。湖岸周遭，蛙聲蟲鳴，頗有自然野趣。

續沿著湖畔的水泥步道前行，不久即抵達國立教育廣播電台的發射站之前的岔路口，右岔路是冷水坑登七星山的步道，可以通往附近的七星公園。七星公園海拔860公尺，位於七星山主峰東南側山腰，地勢平坦，視野極佳，是夏日避暑之地。往七星公園的步道平緩好走，建議可以順道一遊。

從國立教育廣播電台的發射站之前的岔路口取左行，沿著石階路下行，即可抵達冷水坑遊客服務站。附近有牛奶湖及菁山吊橋、冷水坑生態池等景點。冷水坑服務站亦有步道通往夢幻湖停車場。

● 夢幻湖步道

● 夢幻湖生態保護區

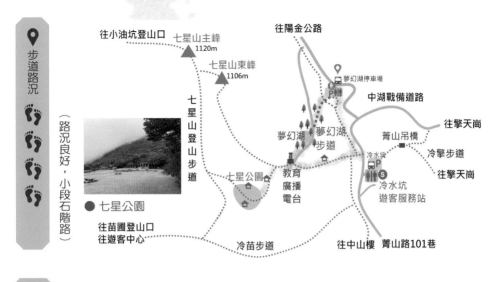

步道路況

（路況良好，小段石階路）

● 七星公園

往小油坑登山口　七星山主峰 1120m
七星山東峰 1106m
往陽金公路
夢幻湖停車場
中湖戰備道路
往擎天崗
七星山登山步道
夢幻湖　夢幻湖步道
菁山吊橋　冷擎步道
冷水坑　往擎天崗
七星公園
教育廣播電台
冷水坑遊客服務站
往苗圃登山口
往遊客中心
冷苗步道
往中山樓　菁山路101巷

路程時間	夢幻湖停車場→15分鐘→夢幻湖→5分鐘→教育廣播電台岔路→20分鐘→冷水坑停車場→10分鐘→夢幻湖停車場　（註：教育廣播電台岔路→10分鐘→七星公園）
交通資訊	【自行開車】地圖衛星導航輸入「夢幻湖停車場」，即可導航至夢幻湖停車場，步道入口在停車場旁。 【大眾運輸】搭乘陽明山108遊園公車至夢幻湖停車場站，或搭乘108遊園公車、小15公車（劍潭站）至冷水坑遊客服務站。
附近景點	七星山、七星公園、冷水坑遊憩區、菁山吊橋、冷擎步道。
旅行建議	可順遊七星公園及冷水坑遊憩區，體力佳者，可續登七星山。

● 夢幻湖

04 / 冷擎步道
菁山吊橋、牛奶湖、生態池、雞心崙

冷擎之間橫向森林步道
悠遊生態池享受森林浴

冷擎步道是冷水坑通往擎天崗大草原的一條橫向森林步道，入口就位於冷水坑遊客服務站停車場旁。

步道入口附近有一座昔日開採硫磺礦的遺跡——牛奶湖。這座小湖泊是沉澱硫磺礦床形成的湖泊，因湖底噴出的硫磺瓦斯，導致水色渾濁，沉澱之後湖水形成乳白色，而被稱為「牛奶湖」。

經過菁山吊橋，不久即抵達冷水坑生態池。生態池設有環湖步道，風景優美，吸引許多遊客在此悠遊。生態池旁續有步道通往擎天崗，上坡路穿越柳杉造林區，抵達冷擎步道的最高點——雞心崙觀景平台。這裡有昔日防空洞的軍事碉堡遺跡，觀景台前面有一條小徑通往附近的一座山頭，就是雞心崙，清代曾在雞心崙設有軍事營區，俗稱「河南營」，如今已不留遺跡。

續行的步道途中，有昔日大嶺牧場的牛舍遺跡。接著冷擎步道與絹絲步道交會後，續行0.6公里，即抵達擎天崗草原遊憩區。

● 菁山吊橋

● 冷水坑生態池

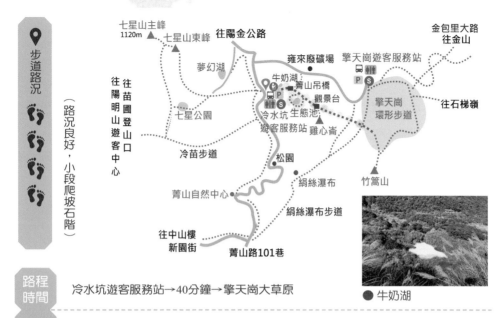

<table>
<tr><td>步道路況</td><td>（路況良好，小段爬坡石階）</td></tr>
</table>

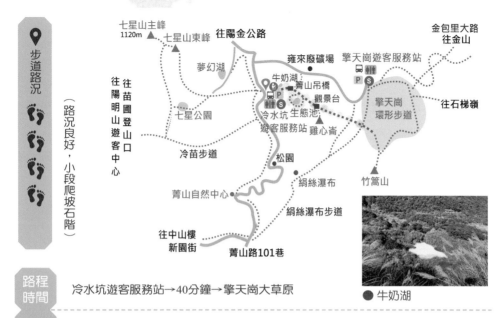

七星山主峰 1120m ▲ 七星山東峰　往陽金公路
夢幻湖
雍來廢礦場　擎天崗遊客服務站
金包里大路 往金山
往苗圃登山口
往陽明山遊客中心
七星公園
牛奶湖　菁山吊橋
觀景台
冷水坑遊客服務站　生態池
雞心崙
擎天崗環形步道
往石梯嶺
冷苗步道
松園
絲絲瀑布
竹篙山
菁山自然中心
往中山樓 新園街
菁山路101巷
絹絲瀑布步道

● 牛奶湖

路程時間	冷水坑遊客服務站→40分鐘→擎天崗大草原
交通資訊	【自行開車】地圖衛星導航輸入「冷水坑遊客服務站」，即可導航至冷水坑遊客服務站停車場，步道入口在停車場旁。 【大眾運輸】搭乘陽明山108遊園公車（陽明山公車總站）或小15公車（劍潭站）至冷水坑遊客服務站。
附近景點	夢幻湖、七星公園、絹絲瀑布、擎天崗草原。
旅行建議	建議順遊擎天崗環狀步道或絹絲瀑布步道。

● 雞心崙觀景平台

05 / 擎天崗環形步道
陽明山國家公園最美麗的大草原 / 草原風光牛群悠遊
春日踏青秋冬賞芒

擎天崗大草原是昔日的陽明山牧場，舊稱「大嶺佧」、「嵒頭」、「牛埔」等，歷史可溯自日治時期的大嶺牧場。如今仍然可以看見水牛群在草原遊蕩的景象。夏季時，擎天崗艷陽高照，因此又被稱為「太陽谷」。

　　擎天崗草原設有環形步道，從遊客服務站出發，經過嶺頭嵒福德宮，即抵達環形步道入口。一條筆直的步道穿越大草原，通往竹篙山，這是陽明山國家公園熱門的草原景觀區。由於曾發生牛隻傷人的意外事件，目前步道兩側已設有柵欄，以保護遊客安全。經過一座昔日牛舍改裝的教育解說中心之後，環形步道開始爬坡路段，抵達更高處，視野愈開闊，眺覽擎天崗大草原及附近群山，視野遼闊，景色壯觀。

　　不久，抵達一座碉堡，碉堡旁有右岔路通往竹篙山，路程約半小時。繼續前行，視野展望仍佳。環形步道的後段未設防護柵欄，如遇牛隻時，請勿接近，迅速從旁離去，或利用避牛椿以自我保護。步道繞經山谷，再爬至草原，最後經過金包里大路（魚路古道）的金包里城門，再續行約10分鐘，即回到擎天崗環形步道的入口。擎天崗地區下午常起霧，天氣多變化，步行時應避免擅離步道，以避免迷路而發生危險。

● 擎天崗環形步道以草原景觀為主

● 擎天崗環形步道途中的軍事碉堡遺跡

步道路況

（路況良好，老少咸宜）

往陽金公路

擎天崗
遊客服務站

擎天崗

嶺頭嵒
福德宮

金包里大路
往金山

日人路

金包里城門

往石梯嶺

中湖戰備道路

往冷水坑
遊客服務站

冷擎步道

擎天崗大草原

擎天崗環形步道

絹絲瀑布步道
往菁山路101巷

往竹篙山

路程時間	環形步道繞一圈約100分鐘 （2.5公里）
交通資訊	【自行開車】地圖衛星導航輸入「擎天崗遊客服務站」，即可導航至中湖戰備道路終點的擎天崗遊客服務站停車場。 【大眾運輸】搭乘陽明山108遊園公車（陽明山公車總站）或小15公車（劍潭站）至擎天崗遊客服務站。
附近景點	竹篙山、金包里大路（魚路古道）、冷擎步道、頂山石梯嶺步道。
旅行建議	可順登附近的竹篙山或順遊金包里大路（建議至許顏橋折返）。

● 擎天崗大草原

06 / 絹絲瀑布步道
山豬湖圳、瀑布、魚路古道、森林浴

金包里大路南段古道
山豬圳幽雅竹林小徑

絹絲瀑布步道屬於魚路古道的南段，全程約1.5公里。步道沿山豬湖水圳而行，林蔭怡人，途中經過絹絲瀑布，因此被稱為「絹絲瀑布步道」，是一條大眾化的熱門踏青路線。

絹絲步道入口位於菁山路101巷與新園街交岔路口。進入絹絲步道，即可看見步道旁山豬湖水圳，沿途有竹林，綠意盎然，也散發出濃郁的古道氛圍。

● 山豬湖水圳取水口

步道途中的「三孔泉」，設有儲水槽及水管，提供山豬湖居民的飲用水源。繼續前行，步道右側有小徑通往山豬圳的取水口。

耳際傳來的溪流淙聲愈來愈響時，表示絹絲瀑布就在不遠處了。絹絲瀑布，就位於步道旁不遠處，高約十餘公尺，細如白絹，因而得名。

續行的古道因舊路崩塌，必須高繞一小段，石階步道繞過崩塌地之後，步道又趨於平緩，不久就抵達「陽明山牧場事務所」的遺址。牧場結束營運後，事務所已荒廢於蔓草之中。

抵達一號橋的岔路口，右岔路往擎天崗，左岔路往冷水坑（冷擎步道）。繼續走往擎天崗的方向，就可抵達擎天崗嶺頭喦福德宮及擎天崗遊客服務站。

● 絹絲瀑布

步道路況 （路況良好，僅一小段石階陡上）

👣👣👣👣

往七星山主峰　往七星山東峰　往陽金公路　中湖戰備道路　擎天崗遊客服務站　金包里大路
夢幻湖　　　P　菁山吊橋　　　　🚌 S
　　　　　　　　　　　　P　🚌　　　　　　　　P　　　往石梯嶺
七星公園　　　冷水坑　　　　S　　擎天崗大草原
往苗圃登山口　　　　　　　遊客服務站
往遊客中心
冷苗步道　　　　　　　　頂窟
冷水坑—新園街人車步道　　　　陽明山牧場事務所
　　　　　　　　絹絲瀑布　　　　　▲竹篙山
新園街　　　　　山豬湖圳取水口　　830m
往中山樓　　　三孔泉　絹絲瀑布步道
　　　　　　山豬湖圳
菁山路101巷

路程時間	步道入口→30分鐘→絹絲瀑布→30分鐘→擎天崗大草原。
交通資訊	【自行開車】地圖衛星導航輸入「絹絲瀑布登山步道」，即可導航至步道入口（菁山路101巷、新園街路口）。 【大眾運輸】搭乘公車303（經陽明山）或小15公車（劍潭站）至絹絲瀑布站。
附近景點	擎天崗大草原、冷擎步道、金包里大路（魚路古道）。
旅行建議	可順遊擎天崗草原，或續走冷擎步道往冷水坑遊客服務站，再步行冷水坑—新園街人車分道回到絹絲瀑布步道入口。

● 絹絲瀑布步道

07 / 硫磺谷步道
火山爆裂口的遺跡、硫磺、溫泉

/ 郁永河北投採硫地
硫磺白煙原始風味

硫磺谷地質景觀區毗鄰龍鳳谷地質景觀區，都有著名的噴氣孔、硫磺穴和地熱溫泉等火山地質景觀。這裡也是北投溫泉的溫泉源頭。

硫磺谷，舊稱「大磺嘴」，整個山谷像張開的大嘴，吐出白茫茫的硫磺氣體。土壤及岩石受硫磺地熱的影響，煙味繚繞，草木難生，山谷多為裸露的岩土，景況原始而蠻荒。

硫磺谷附近是清代康熙三十六年（1697）郁永河採硫之地。龍鳳谷遊客服務站入口處的路旁立有一塊郁永河採硫紀念碑。紀念碑的正對面馬路旁，就是硫磺谷步道的入口，步道旁有一排老榕樹，枝幹茂盛，綠葉成蔭，通過這小片榕樹林，遇岔路，左岔路通往下方的涼亭，仍取直行。步道緩緩下行，視野漸漸開闊。抵達途中的一處平台，即可望見硫磺谷的地質景觀。循石階下行，但見山谷白煙裊裊，空氣散漫著幾許硫磺味。步道旁的山丘岩壁，或焦黑，或紅褐，彷若火劫之後的景象。步道沿途可以近距離觀賞硫磺谷的地質景觀。

下行約15分鐘，即可抵達山谷的水池，這裡設有觀景台、停車場及泡腳池等遊憩設施。若是只想純欣賞硫磺谷風景，亦可直接開車或搭公車抵達這處入口。

● 硫磺谷步道入口

● 硫磺谷地質景觀

步道路況

(路況良好，大致平緩)

往陽明山國家公園

東昇路

泉源路　媽祖窟溫泉

湖底路

行義路

紗帽路

北投彌陀寺

硫磺谷
步道

惇敘工商

福德宮

彌陀寺(硫磺谷)

龍鳳谷步道　P

往
新
北
投

泉
源
路

惇敘工商(泉源) S

礦溪

往陽明山國家公園

龍鳳谷
遊客服務站

行義路

泉源路

半嶺產業道路
往天母

往天母

路程時間	龍鳳谷遊客服務站步道入口→20分鐘→步道終點觀景平台（全長0.8公里）

交通資訊	【自行開車】地圖衛星導航輸入「硫磺谷遊憩區」或「龍鳳谷遊客服務站」，即可導航至步道下方入口或上方入口。 【大眾運輸】搭乘公車126、小7、小9、小26至彌陀寺站（硫磺谷）或公車230、小25至惇敘工商站（泉源）。

附近景點	龍鳳谷步道、媽祖窟溫泉。

旅行建議	可順遊龍鳳谷步道。從惇敘工商校門前的步道口下行，約20多分鐘，即可抵達媽祖窟溫泉，這是一處民眾自行搭建的泡湯屋寮。

● 硫磺谷

08 / 竹子湖海芋步道
海芋(繡球花)花田、文學步道、山菜野味
台北高冷蔬菜產地
多條海芋賞花步道

竹子湖位於大屯山、七星山與小觀音山之間的谷地，海拔約六百多公尺，為高冷蔬菜和花卉的專業生產地，也是著名的海芋產地。竹子湖由於氣候涼爽，田園優美，農園餐廳林立，成為台北人遠離塵囂，上山避暑，悠遊聚餐的熱門景點。

竹子湖的海芋花期在每年十二月至次年五月，盛產期在三至五月，花季期間，民眾可以進入海芋田親自摘採海芋五月過後，則由繡球花接力。竹子湖地區也有幾條海芋（繡球花）賞花步道，讓民眾可以輕鬆漫步，欣賞海芋（繡球花）花田。以下幾條海芋賞花步道，路線都不長，大約都一、二十分鐘即可走完，老少咸宜，適合闔家出遊。例如：

● 頂湖環狀步道：從冠辰餐館前小橋出發，環狀一圈回到原點。走在海芋田步道上，可遙遙望見小油坑的爆裂口及七星山的壯麗山容。

● 海芋環狀步道：位於下湖，兩端出入口分別在苗榜海芋園、吉園葡田園餐廳旁。步道沿著竹子湖的溪岸，有海芋田、水車、拱橋、生態池、棧道等景觀設施，是竹子湖最熱門的賞芋步道。

● 文學步道：入口在竹子湖公車站牌的對面，下階梯後，沿溪岸而行。沿途有三座小拱橋，一路漫步欣賞海芋，有流水潺潺相伴，令人怡然。步道終點有一座小瀑布及山丘闢建的梯田，頗有特色。

● 湖底環狀步道：位於海芋大道的西側，入口較不明顯。從文學步道第二座拱橋「游於藝」刻石旁邊，爬上階梯，進入海芋田，沿途有梯田、海芋園，還有一處聽濤平台，順山丘繞，繞回竹子湖海芋大道。

● 竹子湖海芋

綠山谷　鐘聲幸福　往金山
頂湖　　　　　　　　小油坑橋
頂湖環狀步道　　　　停車場
　　　　　海芋園　陽明溪溪畔步道
中正山產業道路　下湖
　　海芋園　苗榜
湖底　　海　　名陽圃　冠辰食館
湖底環狀步道　芋　海芋環狀步道　海芋園
　　　　　大　海芋園
　　　　　道　　　　竹子湖路
往中正山　　　吉園葡　　　（陽金公路）
　　　　文學步道　竹子湖
小瀑布　　水尾　　東湖　原竹　竹
　　景觀山丘　　　　　　種子　蓬
　　　　　　　湖　田　萊
　　　　　　　田　故　米
　　　　　　　國　事
　　　竹子湖路　　小館　米
　　　　往士林　　　　竹子湖派出所

路程時間	每條海芋步道路線約15～30分鐘不等，路線都不長。
交通資訊	【自行開車】地圖衛星導航輸入「竹子湖環湖步道」（湖底地區）或「冠辰食館」（頂湖地區），即可抵達竹子湖地區海芋步道入口。 【大眾運輸】搭乘公車129、小8、小9、128花季專車、131花季專車至竹子湖站。
附近景點	竹子湖蓬萊米原種田故事館、陽明溪步道、中正山、陽明書屋。
旅行建議	竹子湖海芋季與繡球花季（約每年三～六月間舉辦）是最熱門的旅遊季節，最好避免假日前往或多利用大眾運輸工具，以避免停車困難及塞車。

● 竹子湖頂湖環狀步道

09 / 水車寮步道
水圳、水岸、海芋、繡球花

水車寮水圳花田怡人
繡球花萬紫千紅爭艷

　　水車寮步道入口位於湖田國小附近的湖田橋旁，步道沿著南磺溪上游的溪岸而行，沿途有海芋及繡球花田。每年花季時，吸引眾多遊客造訪。近年來又增設一條「水圳步道」，沿途設置春耕、夏耘、秋收、冬藏平台，遊客可以循著地圖路線造訪這四處平台，走一圈水車寮環狀郊遊路線。

　　水車寮步道沿溪而行，溪水淙淙，步道旁又有潺潺水圳，溪谷地勢落差處，形成小瀑布。優雅的溪流景致，令人有闖入桃花源的驚喜之感。經過高家繡球花田之後，有一座紅色吊橋跨越南磺溪，橋名「甜吊橋」，甜是取「田」的諧音。冬藏平台就位於吊橋附近，是碾米廠遺址，昔日吊橋下方的溪岸設有水車，農家利用水力做為動力，驅動轉軸，用來碾米，因此這裡就被稱為「水車寮」。

　　過甜吊橋之後，續往上行，隨即抵達水車寮步道出口——湖田大樹下餐廳，旁邊有一條水圳步道，沿著水圳行，可以抵達夏耘平台，銜接水圳步道。若沿著馬路續往前行，則可以抵達水圳的取水口——春耕平台。水車寮步道起伏不大，平緩易行，是一條適合全家出遊，賞花觀水的踏青路線。

● 冬藏平台

● 秋收平台——碾米廠遺跡

步道路況

（路況良好，老少咸宜）

路程時間	水車寮步道全長約500公尺，來回約30～40分鐘。環狀一圈（含水圳步道及春、夏、秋、冬四座平台）約80～90分鐘。
交通資訊	【自行開車】 地圖衛星導航輸入「湖田國小」，即可抵達湖田橋。竹子湖派出所對面有小型停車場（車位不多）。 【大眾運輸】 搭乘公車129、小8、小9、128花季專車、131花季專車至湖田橋站。
附近景點	竹子湖海芋賞花步道、湖田國小步道（陽峰古道）、青楓步道。
旅行建議	順遊竹子湖蓬萊米原種田故事館。

往頂湖
往水尾　往金山
春耕平台
夏耘平台　水圳步道
甜吊橋　冬藏平台
湖田大樹下
繡球花田
水車寮步道
秋收平台
竹子湖路
(陽金公路)
湖田橋　高家祠堂
往水尾
竹子湖路　湖田國小
竹子湖蓬萊米原種田故事館
P　竹子湖派出所
往台北

● 水車寮步道

10 / 竹子湖青楓步道
海芋、百年梯田、青楓林、蜘蛛抱蛋

竹子湖百年梯田
青楓林奇幻森林

竹子湖青楓步道位於竹子湖的下湖地區。竹子湖公車站斜對面的巷道路口有「大梯田」的指標。進入巷道，經過一個彎道之後，就可望見不遠處的山坡有一座高架棧道，就是青楓步道。

沿著巷道下行，經過小水泥橋，抵達「曹家花田香」，旁邊即是青楓步道的入口。高架的棧道沿溪行。步道右側有依山坡闢建的梯田，歷史已有百年之久。梯田或栽種海芋、繡球花，或種植蔬菜。爬上梯田之後，抵達上方的「大梯田花卉生態農園」。

從生態農園續行一小段石階路之後，即抵達著名的青楓林。青楓林裡的地表栽種大片的「葉斑蜘蛛抱蛋」植物，特殊的長葉柄，搭配青楓林，令人有闖入奇幻森林之境的感覺。這是台北山林罕見的森林之景。

青楓林設有一座觀景平台，在此休憩賞楓，幽意怡人。穿過青楓森林，續往上行，不久即抵達青楓步道終點，銜接中正山產業道路。回程以原路折返較為方便，亦可步行中正山產業道路，眺覽沿途風景，再繞經竹子湖海芋大道，返回竹子湖公車站。

● 青楓林的地表種植「葉斑蜘蛛抱蛋」

● 青楓步道觀景平台

📍步道路況 👣👣👣👣👣

（路況良好，老少咸宜。有一段上坡階梯）

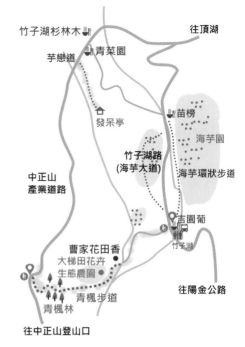

路程時間

竹子湖公車站→14 分鐘→青楓步道入口→16分鐘→青楓步道出口（中正山產業道路）

交通資訊

【自行開車】

地圖衛星導航輸入「曹家花田香」，即可導航至青楓步道入口。步道入口附近無停車空間，建議停車於竹子湖海芋大道路旁空地（假日停車困難）。

【大眾運輸】

搭乘公車129、小8、小9、128花季專車、131花季專車至竹子湖站。

附近景點

竹子湖海芋賞花步道、芋戀道、中正山。

旅行建議

三、四月造訪，可以欣賞海芋，五、六月觀賞繡球花，十一、十二月可以賞楓。不同季節，各有特色。

● 青楓步道

● 竹子湖青楓步道

11 / 十八份拐圳步道
水圳、賞櫻、山景 / 十八份水圳賞櫻
攬勝尋幽真逍遙

拐圳步道位於北投十八份地區，原只是山區一條巡視水圳的圳旁小路，後來發展成為一條頗富盛名的賞櫻步道。

拐圳步道入口位於十八份產業道路里程0.6公里處，步道沿著十八挖圳而行。這條水圳因為彎曲多拐，所以被命名為「十八挖圳」。「挖」（台語）是指「彎」（拐）的意思，所以步道被稱為「十八份拐圳步道」。

這條水圳步道平緩好走，兩旁山坡都已闢為農圃，也種植大片的櫻花林。初春時，山坡櫻花粉艷，吸引許多遊客造訪。抵達一棟農宅別墅時，有一條左岔路「東昇步道」通往頂湖福德宮，又稱「頂圳步道」；直行仍為拐圳步道，可以右去左回，走一圈環狀路線。

步道繞過別墅之後，視野變得開闊。紗帽山、七星山，遠山近峰，映入眼簾。步道後段，水圳沿山勢而行，拐彎曲行，森林愈茂密，景致愈幽雅。步道終點的觀景台，旁邊有一棵百年楓香老樹。觀景台前有岔路，一條新鋪設的溪岸石板步道，通往頂湖公車站及頂湖福德宮，銜接東昇步道，繞回拐圳步道的農宅別墅岔路口，然後返回十八份拐圳步道的入口。

● 步道沿途盛開的櫻花

● 十八份拐圳步道

📍 步道路況 👣 👣 👣 👣

（路況良好，水圳路兒童注意安全）

路程時間
拐圳步道入口→3分鐘→農宅別墅岔路口→20分鐘→楓香觀景台→15分鐘→頂湖福德宮→6分鐘→農宅別墅岔路口→3分鐘→拐圳步道入口

交通資訊
【自行開車】
地圖衛星導航輸入「十八份拐圳步道」，即可導航至步道入口。步道入口附近路旁空地可以停車。

【大眾運輸】
搭乘公車230、小25、小36、128花季專車至龍鳳谷站，步行十八份產業道路0.6K至步道入口。或搭乘公車小8、小9、129至頂湖站。

附近景點
風尾步道、龍鳳谷遊憩區、硫磺谷步道、磺溪溫泉步道。

旅行建議
初春櫻花盛開時，是最佳造訪時機；可以順訪鄰近的風尾步道、東昇步道。

往陽明山

頂湖 楓香觀景台 往陽明山

風尾 十八份拐圳步道

頂湖福德宮

陽峰古道

風尾步道 鼎筆橋

東昇路 東昇步道

紗帽路

十八份產業道路 農宅別墅 泉源路

龍鳳谷

泉源路 往陽明山

往新北投

● 十八份以賞櫻著稱

12 / 風尾步道
賞櫻、踏青、老榕樹

/ 風尾步道輕鬆賞櫻
頂湖泉源觀看老榕

風尾步道位於風尾聚落，原是山區一條農路，後來整建為步道，沿途種植櫻花樹，而成為一條賞櫻步道。櫻花林主要集中於步道末段石階路旁的山坡地。初春來訪時，可以欣賞滿山櫻紅的美景。

風尾步道路線不長，只有0.5公里，大約10來分鐘就可走完。然後沿著馬路走出去，接近東昇路口時，路中央有一棵樹齡二百多歲的老榕樹。榕樹樹高15公尺，胸圍8公尺，樹冠面積達500多平方公尺，被命名為「泉源頂湖長壽榕」，是地主的祖先在清朝乾隆五十五年（1790）拓墾頂湖時所種植的，是當地知名的老樹。

從老榕樹沿著巷道走出去，即抵達東昇路。路口的公車站牌是「風尾站」。站牌旁有一廣場，建有一座觀景涼亭，提供遊客眺覽附近風景。

若是純粹賞櫻，則建議搭乘公車至風尾站下車。步行幾分鐘，即可遇見風尾步道最主要的櫻花林。「風尾」的地名，據本地人說，頂湖的東邊迎風，被稱為「風頭」，這裡位於頂湖西邊，所以稱為「風尾」。風尾步道與附近的十八份拐圳步道相距不遠，亦可安排連走這兩條步道。

● 泉源頂湖長壽榕

● 風尾步道

步道路況

（路況良好，有一段石階爬坡路）

路程時間
風尾步道南口（第三市民農園附近）→12分鐘→產業道路→2分鐘→泉源頂湖長壽榕→1分鐘→步道北口（東昇路風尾站），步行時間30分鐘

交通資訊
【自行開車】
地圖衛星導航輸入「北投第三市民農園」，即可導航至步道南口附近。或輸入「風尾步道小8風尾站」，即可抵達步道北口（附近較難停車）。
【大眾運輸】
搭乘小8、小9、小26、129公車至風尾站，由公車站旁的巷道進入。

附近景點
十八份拐圳步道、東昇步道、龍鳳谷、硫磺谷遊憩區。

旅行建議
初春櫻花盛開時，為最佳遊覽季節。

往陽明山

頂湖

楓香觀景台

往陽明山

十八份拐圳步道

風尾

大榕樹

福德宮

陽峰古道

風尾步道

鼎筆橋

東昇路

東昇步道

紗帽路

北投第三市民農園

十八份產業道路

泉源路

泉源路　往陽明山

往新北投

● 風尾步道櫻花林

13 / 忠義山步道
行天宮北投分宮、嘎嘮別山

關渡行天宮親山步道
忠義山山頂美麗草坪

忠義山，舊稱「嘎嘮別山」、「小八里岔山」，座落於行天宮北投分宮的後方。行天宮主祀關聖帝君，俗稱「忠義廟」，因此廟後面這座山就稱為「忠義山」了。

忠義山的登山口就在行天宮的「崇德堂」旁，步道通往小坪頂，全長約1.4公里，忠義山大約位於步道途中的0.9公里處。從登山口出發，一路是水泥及石階步道，緩緩而上，穿過森林。上行約二百公尺，山路稍趨平緩，接著又是連續陡上的石階路。約30分鐘路程，抵達山頂。

忠義山的山頂，地勢平坦開闊，出現有如高爾夫球場的美麗草原。草原上有兩座大型的墓園，其中之一是旅日華僑何國華的母親何太夫人墓園。墓園附近有岔路，右岔路往小坪頂，約0.5公里，是寬闊平緩的碎石子路，也是這條步道平緩好走的路段，走來舒適怡人。步行約10多分鐘，抵達步道終點——小坪頂稻香路，然後原路折返。

若從山頂墓園取左行，有步道通往楓丹白露社區（學園路），這條泥土山徑較陡峭崎嶇，應小心注意，下山後可走往台北藝術大學及捷運關渡站，也有小路可以繞回行天宮北投分宮。

● 忠義山步道以石階步道為主

● 忠義山往小坪頂為平緩碎石路

往楓丹白露社區　大墓園　▲嘠嘮別山
土地公廟

往台北城市科技大學
往台北藝術大學
學園路　　往關渡站

山徑　　石階
土路　　忠義山步道
水泥路

30巷　　北投行天宮

中央北路三段　　往新北投
往北投

復興崗站
捷運淡水信義線

中央北路四段30巷
中央北路四段

往關渡/淡水

步道路況

（路況良好，較多石階爬坡路）

路程 時間	行天宮北投分宮→30分鐘→忠義山→15分鐘→稻香路（小坪頂）
交通 資訊	【自行開車】地圖衛星導航輸入「行天宮（北投分宮）」，即可導航至行天宮北投分宮停車場。 【大眾運輸】捷運淡水信義線至復興崗站或忠義站；或搭乘公車223、302、308、550、682、821、864、小23至忠義站，步行約10分鐘。
附近 景點	台北藝術大學、下青礐步道、貴子坑生態園區、北投公園。
旅行 建議	忠義山步道往學園路為泥土路山徑，起伏較大，若有幼兒或老人同行，建議應以原路來回為宜。

● 忠義山山頂的草原（往小坪頂）

14 / 礦溪溫泉步道
水圳、溫泉景觀、硫磺噴孔

悠遊礦溪溫泉水圳
享受溫泉美食泡湯

礦溪溫泉步道位於北投行義路溫泉觀光遊憩區，起點位於行義路260巷巷內，終點在行義路402巷巷底，是一條以「溫泉」為主題的步道。從行義路260巷巷口進入，在天祥溫泉前左轉後，即可看見步道入口。

步道沿著水圳而行，淙淙水聲悅耳，水圳下方的礦溪山谷，有溫泉餐廳散布其間。步道沿途則設置了歷代文人歌詠北投溫泉的詩文或歌詞，從清代、日治時期的文人，到現代詩人的作品，遊客漫步於這條步道時，可以藉由古往今來的詩文，體會北投溫泉的歷史，思古之幽情油然而生。

大約步行15分鐘，走完第一段步道，抵達行義路300巷，巷內有許多溫泉餐廳。續行一小段馬路，路過溫泉餐廳區，即可看見左側馬路旁的第二段步道入口。步道仍沿著水圳而行。步行約5分鐘，即抵達步道終點，接行義路402巷。沿著巷道往下走，過橋後的礦溪溪岸邊，有長長的高架棧道，沿途設有觀景平台，通往礦溪嶺溫泉露頭，現在已規劃為溫泉景觀示範區。山坡岩石裸露，白煙裊裊，空氣飄著些許硫磺味，有蠻荒原始之感。402巷內也是溫泉餐廳林立，走完步道，可以在此享受美食及泡湯之樂。回程可以穿越402巷巷底的溫泉景觀餐廳步道，繞回300巷，再循原路返回礦溪溫泉步道入口。

● 行義路300巷巷內溫泉餐廳林立

● 礦溪溫泉步道

步道路況

（路況良好，老少咸宜）

路程時間

行義路260巷路口→18分鐘→行義路300巷→15分鐘→行義路402巷礦溪嶺溫泉露頭觀景平台（單程約30~35分鐘）

交通資訊

【自行開車】

地圖衛星導航輸入「台北市行義路260巷」，即可導航至步道入口。

【大眾運輸】

搭乘公車508、536、612、小8、小36至「行義路二」站，從260巷進入至步道入口。

附近景點

龍鳳谷遊客服務站、龍鳳谷步道、硫磺谷步道。

旅行建議

行義路260巷步道入口的停車空間有限。步道終點行義路402巷附近設有停車場，亦可停車於步道終點的停車場，從反方向步行礦溪溫泉步道。

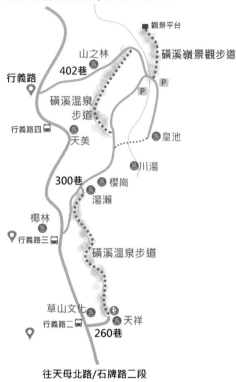

往龍鳳谷遊客服務站／陽明山國家公園

■ 觀景平台

山之林

礦溪嶺景觀步道

402巷

行義路

礦溪溫泉步道

P   P

行義路四

天美

皇池

川湯

300巷

櫻崗

湯瀬

椰林

行義路三

礦溪溫泉步道

草山文化

行義路二

天祥

260巷

往天母北路／石牌路二段

● 礦溪嶺溫泉景觀區

15 / 天母水管路步道
三角埔發電所、天母古道、森林浴

草山水道歷史風華
翠峰瀑布隱身幽谷

　　天母水管路步道位於陽明山山仔后至天母之間，長約2.6公里，前身是日治時代草山水道系統的水管路，由南磺溪上游松溪的「第三淨水廠」至中山北路底的三角埔發電所，俗稱「天母古道」。

　　造訪天母水管路，可以由山仔后走往天母，或由天母走向山仔后。由於兩地落差約二百多公尺，若從中山北路七段底232巷三角埔發電所旁的登山口上行，必須爬一千三百多級的石階，比較辛苦。建議亦可以搭公車上陽明山，然後由上往下走。

　　從山腳下起登，沿途步道旁有巨大的水管。爬到調整井時，步道才變為平坦，令人有苦盡甘來之感。日治時期設立三角埔發電所，就是利用調整井與發電所之間落差209公尺來進行水力發電。從調整井至第三淨水廠，約1.6公里，是寬闊平坦的碎石土路，草山水道的水管就埋設於步道下面。步道沿途偶爾會看見台灣獼猴的蹤影。這段步道是天母水管路最舒適怡人的路段。

　　步道途中有左岔路通往翠峰瀑布，下行約10～15分鐘即可抵達這座隱於溪谷的瀑布。天母水管路經過第三淨水廠，但水廠未對外開放遊客參觀。步道至此，轉為石階上坡路，通往步道出口——愛富二街12巷，附近就是文化大學的校區。

● 天母水管路

● 翠峰瀑布

步道路況

往紗帽山

往北投　第二展望亭　　紗帽路　　　　　　往陽明山公車總站

第二展望亭

水嶺水圳步道　　　　　往陽明山

半嶺產業道路

翠峰瀑布　第三淨水廠

天主堂　　　格致路

磺溪　　猴洞產業道路　　　　文化大學　愛富二街

天母水管路步道　　　　　　　　　文化大學

（天母古道）　　　調整井　　　　　　　　菁山路

大水管　　　　　　　　　　　仰德大道四段

中山北路七段　三角埔　　下東勢產業道路

219巷　　發電所

中山北路七段　　　往士林／台北市區

232巷1弄

中山北路七段　天母

路程時間	愛富二街步道入口 →50分鐘→調整井→15分鐘→三角埔發電所步道入口 三角埔發電所步道入口→30分鐘→調整井→50分鐘→愛富二街步道入口
交通資訊	【自行開車】地圖衛星導航輸入「天母古道親山步道」，即可導航至中山北路七段232巷內的三角埔發電所旁步道入口。 【大眾運輸】搭乘公車680、中山幹線至天母站，步行前往步道入口。或搭乘公車109、111、260、303、681、1717、紅5至文化大學站，步行前往愛富二街步道入口。
附近景點	三角埔發電所、翠峰瀑布、文化大學校園。
旅行建議	若身體不適合走石階路，亦可從下東勢產業道路調整井附近進入步道（參考地圖），步行至第三淨水廠，然後原路折返，則全程都是平緩好走的碎石子路。

● 天母水管路

16 / 芝山岩步道
神社、古廟、歷史遺跡、地質奇觀

史前遺址古廟神社老樹
芝山公園自然人文兼勝

芝山岩，雖然只是一座海拔低矮的丘陵，卻擁有史前遺址、古廟、古墓、老樹、神社及隘門等歷史遺跡，自然人文景觀豐富，很值得細細品味。

芝山岩有幾個入口，位於至誠路芝山公園入口的百二崁步道，是日治時代芝山岩神社的參道。百二崁步道入口旁也設有無障礙高架棧道，讓遊客可以迂迴

繞行上山。芝山岩神社已拆除，原址改為雨農閱覽室。涼亭旁有一「學務官僚遭難之碑」，是紀念「芝山岩事件」遭殺害的六名日籍教職員。紀念碑旁有一棵樹齡超過三百歲的大樟樹。步道旁的砂岩有魚貝化石，見證了台北盆地滄海桑田的地理變化。沿途隨處可見各種奇岩怪石，如蛇蛙石、獨角仙、石象、石墨、石硯、太陽石等，是芝山岩地質生態的一大特色。

芝山岩大墓公則見證了清代族群械鬥的歷史往事。位於芝山岩西麓的惠濟宮，建於清乾隆十七年（1752），主祀開漳聖王，為歷史古蹟。芝山岩步道沿途有東砲台、西砲台，還有北隘門、西隘門等歷史遺跡。西隘門下方的步道旁，山壁有前清舉人潘永清於同治十二年（1873）所題「洞天福地」。芝山岩山腳下的至誠停車場旁，則有芝山岩文化史蹟公園考古探坑展示館；北側則有芝山岩生態綠園，亦開放民眾參觀。小小的芝山岩，內涵如此豐富，處處帶給遊客驚喜。

● 芝山岩無障礙步道

● 芝山岩老樟樹

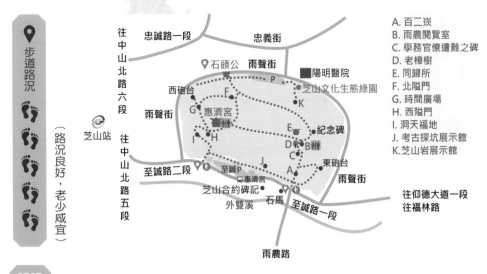

往中山北路六段
忠誠路一段
忠義街
石頭公　雨聲街
陽明醫院
西砲台
芝山文化生態綠園
芝山站
雨聲街
惠濟宮
紀念碑
往中山北路五段
至誠路二段
至誠P
東砲台
雨聲街
至誠路一段
往仰德大道一段
往福林路
惠濟宮
芝山合約碑記
外雙溪　石馬
雨農路

A. 百二崁
B. 雨農閱覽室
C. 學務官僚遭難之碑
D. 老樟樹
E. 同歸所
F. 北隘門
G. 時間廣場
H. 西隘門
I. 洞天福地
J. 考古探坑展示館
K.芝山岩展示館

路程時間	遊覽芝山岩公園及惠濟宮約1～2小時。
交通資訊	【自行開車】地圖衛星導航輸入「至誠停車場」，即可導航到至誠路一段芝山公園步道入口旁的至誠停車場。 【大眾運輸】搭乘捷運至芝山站，沿外雙溪河堤步行即可到達芝山岩。或搭公車206、268、645至惠濟宮站。
附近景點	雙溪公園、故宮博物院、士林夜市。
旅行建議	芝山岩範圍不大，建議走訪公園內每一條步道，造訪各個歷史及自然景點。

● 芝山岩步道

17 / 坪頂古圳步道
水圳、溪流、森林浴

三條百年歷史古圳
清涼消暑的水圳路

坪頂古圳步道長約1.3公里，最大的特色是沿途會經過登峰圳、坪頂新圳、坪頂古圳三條百年古圳。走訪這條水圳步道最能體驗台灣水圳之美。

從至善路三段370巷29號民宅進入坪頂古圳步道，隨即抵達「田尾仔橋」，跨越內雙溪溪谷，清澈的溪流，呈現於眼前。

過田尾仔橋後，轉為石階上坡路，兩側竹林夾道，旁有農家果園。途中遇右岔路，通往至善路三段336巷的頂山聚落；續行轉為下坡路，沿途森林翁鬱，宛如走入綠色隧道。不久抵達溪谷，步道與內雙溪再次相遇。過「桃仔腳橋」，又是一段石階上坡路，沿途步道會陸續與登峰圳、坪頂新圳、坪頂古圳交會。

平等里，古稱「坪頂」，乾隆六年（1741年）福建漳州人何士蘭最早至此開墾，至清道光年間，拓墾土地漸增，為解決飲水及灌溉之需，先後開闢了坪頂古圳及坪頂新圳。日治時代又開鑿登峰圳。這三條水圳呈平行狀，古圳地勢最高、新圳居中，登峰圳最低。三條古圳至今維護完善，遊客也可以沿著水圳旁的水圳路欣賞水圳之美，圳水潺潺，是夏日消暑健行路線。步道末段與坪頂古圳並行，至清風亭附近，坪頂古圳進入引水隧道，通往坪頂地區。續行不遠，即抵達步道終點──平菁街95巷。從巷道走出去，就抵達平等駐在所。

● 步道沿途與三條古圳交會

● 坪頂古圳引水隧道

步道路況

（路況良好，較多石階爬坡路）

往擎天崗
新圳頭山(瑪礁山)▲
瑪礁古道
往內寮
平菁街93巷
95巷
往陽明山
平等里
平等駐在所
平菁街
往外雙溪

A.坪頂古圳 B.坪頂新圳 C.登峰圳
A
B
C
清風亭
至善路三段336巷
萬溪左線產業道路
桃仔腳橋
坪頂古圳步道
田尾仔橋
車登腳橋
天溪園生態
教育中心
福德宮
鵝尾山▲
大崎頭步道
內雙溪
至善路三段336巷
至善路三段370巷
內厝
坪頂古圳步道口
往至善路三段聖人橋
至善路三段

路程時間	步道入口（至善路三段370巷29號旁）→50分鐘→清風亭→15分鐘→平等駐在所

交通資訊	【自行開車】地圖衛星導航輸入「至善路三段370巷29號」，即可抵達步道入口。 步道入口無停車空間，建議停車於步道口公車站牌附近路旁空地。 【大眾運輸】從捷運劍潭站或士林站，轉乘小18公車至「坪頂古圳步道口」站， 步行前往至善路三段370巷29號步道入口。

附近景點	大崎頭步道、聖人瀑布、天溪園生態教育中心、故宮博物院。

旅行建議	亦可搭乘公車至平等駐在所，從平菁街95巷進入，前往坪頂古圳。從清風亭有一條大崎頭步道通往至善路三段370巷，與坪頂古圳步道構成一條環狀健行路線。

● 步道末段與坪頂古圳並行

18 / 圳仔頭溪自然園區

溪流、田園、賞櫻

櫻花綠波風光明媚
粉櫻細雪拱橋怡人

圳仔頭溪自然園區位於平菁街67巷巷內。「圳仔頭」的地名源於早期先民預定從此處開鑿水圳，後來因水源不足而廢棄，卻從此有了「圳仔頭」的地名。

圳仔頭溪為菁礐溪的上游支流，先民利用水車汲水，灌溉農田，造就當地農業的繁榮。台北市政府大地工程處以當地生態、農村文化及附近平菁街42巷賞櫻景點的特色，將此地規劃成為「圳仔頭溪自然園區」。園區步道沿著圳仔頭溪溪岸而行，步道長僅220公尺，起點設有「櫻花綠波廣場」，終點為「粉櫻細雪櫻閣亭」。短短的步道，沿途設有各式導覽說明，以文字或詩歌介紹本地農村歷史，途中有多座小橋跨越溪溝、溪谷或設水車，或設置生態池，溪中有各種水生植物，有魚兒悠游。步道沿途或設座椅，或建涼亭，以供遊客休息。

步道終點櫻閣亭的圳仔頭溪上游處，有一座水圳橋跨越圳仔頭溪；櫻閣亭旁的廣場則設有泡腳池供遊客使用。逛完圳仔頭溪自然園區，接著可以前往附近的平菁街42巷，這裡是平等里著名的賞櫻景點，有幾家農園餐廳。主要的櫻花樹集中於禾豐農園餐廳附近。這裡也有一條「竹林步道」，又稱「狗殷勤古道」，通往下方的菁礐溪溪谷，過橋後，步道沿著尾崙水圳而行，亦可順道一遊。

● 圳仔頭溪河岸步道

● 平菁街42巷禾豐農園旁的賞櫻景點

步道路況

（路況良好，老少咸宜）

地圖標示

平菁街43巷　平菁街43巷16弄

櫻閱亭

花現櫻泡腳池

往陽明山山仔后

圳仔頭溪自然園區

往內寮古道

平菁街

文化藝廊區

平菁街93巷

往坪頂古圳步道

綠水微波廣場

圳仔頭

平菁街95巷

平等駐在所

竹林步道（狗殷勤古道）

往公平橋/

菁礐溪溪谷

平菁街42巷

客倌農場

禾豐農園

倫仔尾

往外雙溪/至善路三段

路程時間	步道入口（櫻花綠波廣場）→10分鐘→步道終點（櫻閱亭）→15分鐘→平菁街42巷巷口→2分鐘→禾豐農園（平菁街42巷賞櫻景點）
交通資訊	【自行開車】地圖衛星導航輸入「圳仔頭溪自然園區」，即可抵達平等里圳仔頭公車站。附近道路路旁停車空間有限。 【大眾運輸】從捷運劍潭站搭乘公車303至圳仔頭站或小19公車至平等里站。
附近景點	竹林步道（狗殷勤古道）、坪頂古圳步道。
旅行建議	初春櫻花盛開時，平菁街42巷是陽明山最著名賞櫻景點。賞櫻地點有一條竹林步道（狗殷勤古道）通往尾崙水圳，建議可走至公平橋菁礐溪溪谷（約15分鐘）。

● 圳仔頭溪自然園區

19 / 翠山步道
森林浴、碧溪步道、大崙尾山

/ 觀察大崙尾自然生態
眺覽外雙溪森林綠景

翠山步道位於大崙尾山北側山腰，步道入口位於外雙溪中央社區（翠山里）中社路二段的路底。這裡原屬於台北市士林分局射擊靶場，靶場遷移後，闢建為提供民眾休閒使用的登山步道。

從翠山步道入口至舊靶場，鋪設了完善的人行地磚，寬闊平緩，適合親子健行。由於這裡地處大崙尾山北坡，迎向潮濕溫冷的東北季風，又曾設有靶場，山林未遭開墾，形成茂密的闊葉森林景觀。

舊靶場現在已成為公園綠地，成為當地民眾清晨運動的場所。過靶場之後，走一小段路，抵達觀景平台及休憩木亭。繼續上行，步道轉為質樸的泥土山徑，景觀愈原始自然，路徑起伏不大，山林幽雅，令人陶然。抵達「長壽坡」之後，步道轉為下坡路，續行十餘分鐘，抵達步道終點，銜接碧溪步道。

碧溪步道屬於「台北小溪頭」環狀步道之一。遊客可以隨個人的興趣或體力，選擇各種環形健行路線。建議可以循著碧溪步道走往大崙尾山步道，登頂大崙尾山之後，再步行中社步道走往中央社區，返回翠山步道入口，剛好是一圈環狀健行路線。

● 翠山步道途中的舊靶場

● 翠山步道

路程時間
翠山步道入口（中社路二段尾）→30分鐘→碧溪步道（取右行）→40分鐘→大崙尾山→30分鐘（經中社步道）→翠山步道入口（中社路二段尾）

交通資訊
【自行開車】地圖衛星導航輸入「台北市士林區翠山步道」，即可抵達目的地（中社路二段路底）。
【大眾運輸】搭乘公車255（捷運士林站）、棕13（捷運大直站）至大崙尾山站（終點站）。

附近景點
台北小溪頭、大崙頭山、內雙溪自然中心。

旅行建議
順遊大崙尾山，然後從中社步道下山，返回中社路二段翠山步道入口，剛好是一圈環狀健行路線。

大崙尾山山頂涼亭

20 / 台北小溪頭

森林浴、枕木步道、棧道、大埤頭

/ 串連三條森林浴步道
環狀悠遊內雙溪森林

內雙溪森林自然公園位於台北市士林區溪山里，鄰近內湖碧山地區，涵蓋山林面積一百多公頃，有「台北小溪頭」的美名，設有內雙溪自然中心苗圃及樹木標本園，培育原生植物，做為森林復育之用。

內雙溪森林自然公園內主要有三條森林步道，分別是「碧溪步道」、「大崙頭山自然步道」、「大崙頭山森林步道」，形成台北小溪頭環狀健行路線。其中碧溪步道較為平緩，建議可以從碧溪步道進入小溪頭環狀健行路線。

步行碧溪步道約30分鐘，抵達「華朋觀景台」後，再步行馬路幾十公尺，即可銜接大崙頭山自然步道。這條步道長約七百公尺，沿途以蕨類植物著稱，是一條賞蕨步道。步道終點銜接大崙頭山森林步道，可以順道登頂大崙頭山。山頂設有觀景平台，視野極佳。從山頂折回，續行一段路，即可看見大崙頭山森林步道的入口。這條森林步道以高架棧道為主，沿途設有休憩涼亭或平台。還有一處高架的老鷹平台，可以眺望台北小溪頭附近優美的山林風景。

從大崙頭山森林步道一路下行，即可接回碧溪步道。大約2、3小時之間，就可以走完內雙溪森林自然公園的台北小溪頭環狀路線。

● 大崙頭山乘風堡觀景平台

● 大崙頭山森林步道（高架棧道）

往萬里

太陽廣場

老鷹平台

往五指山

往外雙溪
至善路三段
碧溪橋

P 石頭厝

樹之亭

大坪頭

觀景台

大崙頭山
森林步道

碧溪自然步道

大崙頭山北面步道

往中社路二段

華朋觀景台

大崙頭山

大崙頭山自然步道

汾陽堂

萬溪產業道路

大崙頭山步道

往大崙尾山

碧山路44巷

往恆光禪寺

大崙湖

往許願步道

碧山路/往碧山巖

步道路況

（路況良好，老少咸宜）

路程 時間	碧溪步道入口（太陽廣場）→30分鐘→華朋觀景台→40分鐘→大崙頭山→5分鐘 →大崙頭山森林步道入口→30分鐘→老鷹平台→20分鐘→碧溪步道入口
交通 資訊	【自行開車】地圖衛星導航輸入「碧溪步道石頭厝」，即可導航至碧溪步道入 口。 【大眾運輸】從劍潭捷運站搭乘市民小巴1號或小18公車至碧溪橋站，步行約1.3 公里（約40分鐘）至碧溪步道入口。
附近 景點	翠山步道、大崙頭山、大崙尾山。
旅行 建議	小溪頭環狀健行路線，從太陽廣場出發，建議右去左回，先走碧溪步道，再走大 崙頭山自然步道、大崙頭山森林步道，然後返回太陽廣場。

● 碧溪步道休憩平台

21 / 金面山步道
石龍山稜、岩壁景觀、環繞視野

/ 清代採石場歷史遺跡
石英砂岩奇特剪刀石

內湖金面山以石英安山岩著稱，岩石在太陽照射下，閃閃發亮，因此稱為「金面山」。金面山步道主要的登山口位於內湖環山路一段136巷巷底。入口的休憩平台有一棵老樟樹，旁側溪澗上游的山壁有一座小瀑布。

金面山步道前段為砂岩石階路，步道沿途芒萁盛長，綠意盎然；半山腰有一處清代採石場遺跡，是興建台北城時的石材來源。而步道沿途設有觀景平台或休憩涼亭，提供遊客眺覽風景或休息。

步道的後段是有「石龍山稜」之稱的稜岩路段，是金面山步道的特色，大小岩塊，形狀各異，前後相續，如石龍蜷伏盤踞。踏著岩階，攀爬而上，頗有挑戰性。過了稜岩路，抵達論劍亭觀景台。續往上行，不久即登頂金面山。山頂巨石纍纍，其中一塊巨岩，形狀如剪刀，被稱為「剪刀石」，因此金面山又稱「剪刀石山」。金面山的山頂擁有360度的展望，視野極佳，頗具大山氣勢。登頂之後，可以繼續前行，從前方右岔路走往竹月寺，再繞回到金面山登山口。

從竹月寺往金面山登山的途中，有一條支線步道通往「石龍山稜」，會經過一處大岩壁。岩壁鑿有石階，並設有繩索，不過攀爬仍須謹慎，注意安全。

● 金面山步道入口的岩壁小瀑布

● 金面山步道石龍山稜

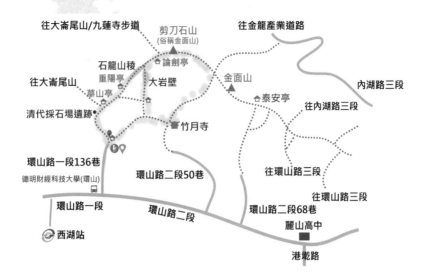

往大崙尾山/九蓮寺步道　　剪刀石山
（俗稱金面山）　　往金龍產業道路

石龍山稜　　論劍亭　　　　金面山　　　　內湖路三段
往大崙尾山　　重陽亭　　大岩壁　　　　　泰安亭
華山亭　　　　　　　　　　　　　往內湖路三段
清代採石場遺跡

環山路一段136巷　　　　　　竹月寺　　　　　往環山路三段

德明財經科技大學(環山)　　　環山路二段50巷　　　　往環山路三段

環山路一段　　　　環山路二段　　環山路二段68巷
麗山高中
西湖站

港墘路

步道路況 👣👣👣

（路跡清楚，岩稜路段注意安全）

路程時間	環山路一段136巷巷口→3分鐘→登山口→10分鐘→採石場遺跡→30分鐘→剪刀石山→25分鐘→竹月寺→15分鐘→環山路一段136巷巷口
交通資訊	【自行開車】地圖衛星導航輸入「台北市環山路一段136巷」，巷內無停車位。環山一段道路兩旁設有收費停車格。 【大眾運輸】搭乘捷運文湖線至西湖站下車，步行約800公尺（約10～15分鐘）至環山路一段136巷金面山登山口。或搭乘公車藍10、藍27、214、247、256、267至環山站下車。
附近景點	清代採石場遺跡（市定古蹟）、碧湖公園。
旅行建議	如體力許可，亦可順登附近另一座金面山（山頂有一土地調查局圖根點基石），然後從泰安亭岔路口走往環山路二段68巷下山。

● 金面山山頂的「剪刀石」

22 / 白石湖步道
吊橋、觀光果園、埤塘、夫妻樹

大跨距龍骨造型吊橋
超人氣內湖觀光果園

白石湖位於內湖碧山巖附近，是一處山中谷地。「湖」是指谷地地形。白石湖休閒農業園區，以觀光果園著稱。由於碧山路在白石湖的路段狹窄，難以會車，因此台北市政府興建白石湖吊橋，遊客可以將車子停放於碧山巖停車場，步行經由白石湖吊橋前往白石湖休閒農業園區。

白石湖吊橋全長116公尺，是台北市第一座大跨距的吊橋，龍骨造型的吊橋，宛如一條龍飛越山谷。過吊橋之後，有兩條步道通往白石湖後湖濕地。一條為「春秋步道」，春天有百合花，秋天有金針花，春秋風景，各有特色，因而取名為「春秋步道」；途中經過一座小埤塘「古椎埤」。另一條步道則是經過附近「穠舍田園咖啡餐廳」休閒農場，在後湖濕地附近與春秋步道會合。

後湖濕地，池塘設有心形的小洲造景，又稱「同心池」。池旁有休憩涼亭及觀景平台，附近也有農家三合院古厝及老樹。沿著碧山路續行不遠，右側有兩棵高長並立的楠木，稱為「夫妻樹」，樹下設有小觀景台。不過近年來夫妻樹其中之一被颱風吹倒，後來補種一棵小樹，形成一大一小老少配的夫妻樹景象。碧山路的兩旁有不少草莓園，也有農園餐廳。遊完白石湖，不妨順遊著名的碧山巖開漳聖王廟。廟前的廣場平台，展望極佳，可以眺覽內湖一帶的市區風景。

● 白石湖吊橋

● 夫妻樹景觀平台

路程時間	白石湖吊橋→30分鐘→夫妻樹

交通資訊	【自行開車】地圖衛星導航輸入「白石湖吊橋」，即可抵達目的地。吊橋入口旁 碧山巖設有公共停車場。 【大眾運輸】從捷運文湖線內湖站搭乘小２公車至碧山巖（白石湖）站。

附近景點	碧山巖、忠勇山、鯉魚山、圓覺寺步道。

旅行建議	內湖觀光果園12～5月為草莓季節、6～11月為百香果、火龍果季節，建議事先向 農園預約，以享受農園摘果樂趣。

● 同心池

23 / 圓覺瀑布步道

溪流生態、圓覺瀑布、圓覺寺

大溝溪幽雅的溪岸步道
圓覺瀑布隱身溪谷上游

圓覺瀑布位於內湖大溝溪上游，屬於匯聚山坡水流的溪溝，曾因颱風爆發土石流，造成嚴重災情。後來市政府進行河川整治，設立「大溝溪生態治水園區」，而成為兼具防洪與休閒的大溝溪親水公園。

大溝溪親水公園入口位於大湖山莊街的街底，進入步道，沿著溪岸上行，約20分鐘，即銜接大溝溪上游的圓覺瀑布步道。這條步道亦稱「圓覺寺步道」，步道沿溪行，平緩好走，是台北市區近郊少見的溪谷型步道，溪水淙淙，林蔭怡人。途中有左岔路登往鯉魚山及碧山巖。沿溪上行約20分鐘，即抵達圓覺瀑布休憩區。圓覺瀑布瀑高約30公尺，平時瀑水稀少，如細絲般從峭壁流下。瀑布下方的溪岸設有休憩亭台，山谷環境幽靜，令人心曠神怡。

從瀑布區續行，步道通往圓覺寺，是連續的石階上坡路。步行約15～20分鐘，抵達圓覺寺，是創建於日治時代的佛寺。沿著馬路走出去，接碧山路，抵達碧山巖參道入口，續往碧山巖及白石湖吊橋；或者可以續行鯉魚山步道。鯉魚山步道沿途兩側設有各種迷你版的風景雕塑，宛如「小人國」，是步道一大特色。步道長約1.4公里，翻越鯉魚山，接回圓覺瀑布步道，返回大溝溪親水公園。若是只想輕鬆悠遊圓覺瀑布步道，則建議至圓覺瀑布觀景之後，原路折返。

● 圓覺瀑布步道

● 圓覺瀑布

步道路況

（路況良好，老少咸宜）

路程時間	捷運大湖公園站→15分鐘→大溝溪親水公園→10分鐘→葉姓祖廟→20分鐘→圓覺瀑布→25分鐘→碧山巖
交通資訊	【自行開車】地圖衛星導航輸入「新福本坑」，即可導航至大湖街131巷巷底。葉姓祖廟前附近有空地停車。亦可導航「大湖公園」，附近有收費停車場，再步行大溝溪親水公園前往步道入口。 【大眾運輸】搭乘捷運文湖線或公車287、247、630、紅2、284、620路至大湖公園站，步行大湖山莊街約15分鐘至大溝溪親水公園入口。
附近景點	碧山巖、白石湖吊橋、鯉魚山、大湖公園。
旅行建議	體力佳者可順遊碧山巖及鯉魚山，走一圈環狀健行路線。親子健行可順遊大溝溪親水公園及大湖公園。

● 大溝溪生態治水園區

24 / 碧湖步道
礦場遺跡、宗祠建築、休閒散步

新福煤礦遺址重現
內湖近郊散步路線

碧湖步道位於內湖路三段60巷12弄與大湖街131巷的葉姓祖廟之間，全長約1300公尺。

葉姓祖廟前的步道入口，設有「新福本坑」礦坑意象造景。這裡曾經開採煤礦。碧湖步道修建時，打造了一座礦坑隧道，鋪設一小段台車軌道及放置運炭台車，以保存地方產業的歷史記憶，並提供遊客觀賞懷舊。

通過新福本坑隧道，花崗石建造的步道緩緩爬升，步行約5分鐘，抵達步道最高處，這裡鋪有一條枕木碎石子路，通往附近的小空地，提供民眾休憩活動的空間。繼續沿著主步道前行，步道緩緩下坡。約10分鐘，抵達內湖路三段60巷52弄，附近大樓公寓林立。步道沿著公寓旁的山麓續往下行，抵達內湖路三段60巷12弄的步道入口，附近有金龍福德宮。沿著馬路走出去，約10多分鐘，即抵達捷運文湖線內湖站。

若開車前來，可以選擇停在葉姓祖廟前的空地。若是搭乘大眾運輸工具，則可從內湖路這一端進入碧湖步道，抵達葉姓祖廟後，續遊圓覺瀑布步道，或遊覽大溝溪親水公園，再從捷運大湖公園站搭車離去。碧湖步道的兩端入口附近都有捷運站，交通非常便利。

● 碧湖步道

● 碧湖步道入口（內湖路三段60巷12弄）

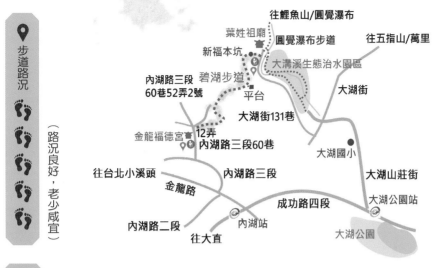

往鯉魚山/圓覺瀑布

葉姓祖廟

新福本坑 **圓覺瀑布步道** **往五指山/萬里**

內湖路三段 **碧湖步道** **大溝溪生態治水園區**

60巷52弄2號 **平台** **大湖街**

大湖街131巷

12弄

金龍福德宮 **內湖路三段60巷** **大湖國小**

往台北小溪頭 **內湖路三段** **大湖山莊街**

金龍路 **大湖公園站**

成功路四段

內湖路二段 **內湖站** **大湖公園**

往大直

路程時間	葉氏祖廟→30分鐘→內湖路三段60巷12弄登山口→15分鐘→捷運內湖站
交通資訊	【自行開車】地圖衛星導航輸入「新福本坑」，即可導航至大湖街131巷巷底。葉姓祖廟前附近有空地停車。 【大眾運輸】搭乘捷運文湖線至內湖站或大湖公園站，步行巷道前往步道入口。或搭乘可抵達捷運內湖站、大湖公園站的公車。
附近景點	大湖公園、大溝溪步道、圓覺瀑布步道。
旅行建議	碧湖步道路線簡短，建議順遊附近的大溝溪步道、圓覺瀑布步道。

● 新福本坑

25 / 大湖公園步道
埤塘、林園、草地、白鷺鷥山

/ 山水庭園式的埤塘公園
白鷺鷥山倒影大湖風光

大湖公園，位於白鷺鷥山的山腳下，舊稱「十四份陂」，湖水面積十幾公頃，公園內有傳統中國式的園林造景，飛虹拱橋、湖上曲橋、水榭亭台與山水相映。沿著湖岸建有步道，以供遊客欣賞美麗湖光山色。

近年來市政府整建大湖公園步道，將經過私人土地或毗鄰馬路的步道，或架設棧道，或拓寬步道，完成環湖步道系統，使大湖公園成為更舒適怡人的步道。大湖公園旁的白鷺鷥山，海拔僅142公尺。遊覽大湖公園，也可以登山健行，爬上白鷺鷥山，俯瞰大湖碧波盪漾的美景。

白鷺鷥山登山口就位於大湖公園南側的福佑宮及老公祠旁。登山步道以之字形迂迴上坡，砂岩及安山岩為主的石階路，全程走於蓊鬱森林中，沿途有不少巨碩的樹木。登山步道以石階為主，之字形的上坡路，也是一條健行運動路線。

上爬約20多分鐘，即可登頂白鷺鷥山。山頂另有登山步道通往金湖路，石階步道大致也呈之字形彎繞下山，抵達金湖路268號民宅旁的登山口，然後從附近巷道繞回到大湖公園，約一個小時即可走完白鷺鷥山步道，返回大湖公園。大湖公園就位於捷運大湖公園站旁，交通便利，風景優美，已成為熱門的休閒景點。

● 白鷺鷥山座落於大湖公園旁

● 大湖公園環湖步道

步道路況

（路況良好，老少咸宜）

大湖山莊街
金龍路
內湖站
成功路四段
大湖公園站
大湖公園站
P
往文湖路
金湖路
錦帶橋
大湖
白鷺鷥山
福祐宮
老公祠
康湖路
350巷往康樂山
黃石公廟
45巷
成功路五段
葫洲站
民權東路六段
康寧路三段

路程時間	大湖公園悠遊一圈約一小時。 老公祠→25分鐘→白鷺鷥山→15分鐘→金湖路→25分鐘→大湖公園。
交通資訊	【自行開車】地圖衛星導航輸入「大湖公園」，即可抵達目的地。大湖公園旁的成功路五段馬路旁設有收費停車格，捷運站亦設有地下收費停車場。 【大眾運輸】搭乘捷運文湖線至大湖公園站或搭乘公車247、267、284、617、620、630、677、681、內湖幹線、紅2、紅31至大湖公園站。
附近景點	白鷺鷥山、大溝溪步道、圓覺瀑布步道。
旅行建議	遊大湖公園並順登白鷺鷥山，或登康樂山至安泰街水源頭福德宮（約50分鐘）。康樂山登山口位於成功路五段350巷（黃石公廟對面）。

● 大湖公園錦帶橋

26 / 虎山自然步道
賞蕨、賞螢、老榕、相思林

/ 四獸山市民森林熱門的路線
虎山溪親水公園典雅石拱橋

　　虎山自然步道屬於四獸山市民森林公園，步道入口就位於松山慈惠堂旁，有左右兩條路線。右線沿著虎山溪的溪岸而行，左線沿著慈惠堂後方的山稜上行，構成一條環狀路線。

　　悠遊虎山自然步道，建議右去左回，先沿著虎山溪上行，這條右線步道較平緩，起步輕鬆。進入步道不遠，就有一座美麗的石拱橋，常吸引遊客佇足拍照。拱橋上游處即是虎山溪親水公園。過此之後，轉為石階路，銜接高架棧道，抵達四獸廣場，續往南天宮、真光禪寺，然後進入第二段步道，爬向復興園。途中有左岔路（虎山生態步道）通往三清宮，三清宮有一棵大葉雀榕，是四獸山最大的一棵老樹；步道終點的鎮山宮附近則在春夏之際以賞螢火蟲著稱。

　　復興園是虎山自然步道最高點，設有涼亭及展望台，可眺覽市區風景。從復興園起，步道沿著山腰而行，步道轉為平緩，這段步道又稱「虎山山腰步道」，途經十方禪寺，抵達「水源涵養保安林碑」的三岔路口，與慈惠堂上山的左線步道會合，由此往下走約七百級石階，返抵慈惠堂口。三岔路口也有步道續爬往南港山、拇指山及象山。從三岔路口爬往南港山九五峰，約1.1公里，路程約50分鐘，若行有餘力，也可以挑戰看看。

● 虎山溪石拱橋

● 四獸廣場四獸亭

步道路況

（路況良好，老少咸宜）

大道路
松山路
福德街
奉天宮
251巷
瑠公國中
福德國小
福德國小
松山家商
221巷
慈惠堂
虎山稜線步道
往北興宮
往中華科技大學
石拱橋
虎嘯亭
虎山溪步道
四獸亭
四獸廣場
親水公園
虎山自然步道
大嶺鞍部
福德宮
南天宮
虎山生態步道
真光禪寺
鎮山宮
三清宮
往麗山橋口
十方禪寺
復興園
虎山山腰步道
南港山稜線步道

路程時間	松山慈惠堂步道入口→3分鐘→虎山溪親水公園→15分鐘→真光禪寺→15分鐘→復興園→10分鐘→十方禪寺→3分鐘→三岔路口→15分鐘→松山慈惠堂步道入口
交通資訊	【自行開車】地圖衛星導航輸入「松山慈惠堂」，即可導航至福德街251巷巷底的松山慈惠堂（設有收費停車場）。 【大眾運輸】搭乘公車88、257、286、仁愛幹線、藍10至福德國小站。或搭乘捷運板南線至後山埤站（2號出口），步行約15分鐘至松山慈惠堂。
附近景點	南港山、虎山稜線步道、永春陂生態濕地公園。
旅行建議	四月底、五月初為虎山步道賞螢季節，主要賞螢地點在虎山生態步道鎮山宮附近。

● 虎山自然步道

27 / 虎山稜線步道

龍山洞、120高地、虎山峰、看夜景

稜線步道眺望市區美景
虎山峰觀看夜景真美麗

虎山稜線步道的登山口位於松山奉天宮,又稱「奉天宮步道」。虎山稜線步道全長約1公里,從虎尾的奉天宮沿著虎山稜線,爬向虎頭所在的虎山峰。

奉天宮旁的步道入口起登,即是110階的陡上石階路,抵達龍山宮。龍山宮,又稱「龍山洞」,是日治時代二戰期間從岩壁開鑿出來的軍事碉堡。龍山宮旁有一座小廣場公園。

從龍山洞繼續前行,沿途已鋪上新穎的花崗石石階步道,沿途有兩處裸露的巨岩,是眺覽風景的展望點。虎山120高地是步道途中主要休憩地點,設有一座木造觀景涼亭。這裡有另外兩條支線步道通往山下的福德街。

過了虎山120高地,轉為下坡路,抵達鞍部之後,有一陡峭的石階階梯,爬上虎山稜線步道的最高點——虎山峰。虎山峰海拔144公尺,山頂設有觀景平台,是虎山稜線步道視野最佳之處,也是觀賞夜景的地點。續行約3、4分鐘,抵達四方亭。這裡有左右岔路,通往下方的四獸山產業道路。一邊往瑤池宮,通往豹山;另一邊往真光禪寺,通往虎山自然步道,可隨個人興趣,走出不同的路線組合。

● 虎山稜線步道沿途的展望點

● 虎山120高地休憩涼亭

步道路況 👣👣👣👣👣

（路況良好，部分石階爬坡路段）

路程時間

松山奉天宮→25分鐘→虎山120高地→15分鐘→虎山峰觀景平台→8分鐘→步道終點→10分鐘→南天宮→25分鐘→松山慈惠堂

交通資訊

【自行開車】

地圖衛星導航輸入「松山奉天宮」，即可導航至福德街221巷巷內的松山奉天宮（設有收費停車場，但停車空位有限）。

【大眾運輸】

搭乘公車88、207、257、286、仁愛幹線、信義幹線、藍10至奉天宮站。或搭乘捷運板南線至後山埤站（2號出口），步行約10分鐘至奉天宮。

附近景點

虎山自然步道、永春陂生態濕地公園、豹山溪步道。

旅行建議

全線步道路況良好，僅登虎山峰的階梯較陡峭，請注意安全。

中坡南路　　福德國小
福德國小
251巷
奉天宮　瑠公國中
221巷　　松山慈惠堂　P
龍山宮（龍山洞）　　虎嘯亭
四獸亭
虎山稜線步道
虎山溪步道
虎山120高地　　　　南天宮
永春陂　　　　真光禪寺
虎山峰　　　復興園
四方亭
豹山　　　　　　九五坪
瑤池宮
松山一坑
豹山溪步道　松山路

● 虎山峰觀景平台

28 / 永春陂濕地公園
濕地、豹山溪、豹山岩壁

消失的永春陂風華再現
都會裡的生態濕地公園

永春陂為清代來自福建省永春縣的移民所開闢的灌溉陂塘。陂塘乾涸後，後來成為國軍營區。軍隊撤離後，被重新規劃為永春陂生態濕地公園，引進豹山溪及無名溪的溪水，恢復陂塘生態，於2020年正式啟用，成為信義區第一座都會型濕地公園。

　　永春陂生態濕地公園沿著濕地設有湖岸步道，也利用舊軍營設置功能館，做為生態展覽及教育用途。濕地公園毗鄰四獸山，風光明媚，遊客除了可以悠遊生態濕地公園，還可以爬四獸山。

　　豹山溪步道入口就位於永春陂生態濕地公園附近。沿著永春陂濕地公園的步道前行，即銜接豹山溪步道。步道沿著豹山溪的溪岸上行，沿途設有觀景涼亭，可以眺覽豹山峭壁巨岩。豹山溪的上游，溪谷漸漸狹束，出現小瀑布，瀑布下有壺穴地形。走至上游，經過小橋，穿過山區的農園，抵達步道終點──寒山寺，然後銜接四獸山產業道路。

　　接著可以取左行，走往瑤池宮附近的豹山觀景平台。然後從瑤池宮前，續行「虎山美的步道」下山，步道的出口，就是永春陂生態濕地公園東側的停車場。

● 豹山溪步道入口

● 豹山岩壁

步道路況

（路況良好，老少咸宜）

路程時間

永春陂濕地公園→5分鐘→豹山溪步道入口→30分鐘→寒山寺→10分鐘→豹山觀景平台→20分鐘→永春陂濕地公園

交通資訊

【自行開車】

地圖衛星導航輸入「永春陂生態濕地公園」，即可導航至目的地。公園東側設有小型停車場（空位有限），附近路旁亦有收費停車格。

【大眾運輸】

搭乘公車20、33、286（副）、299至永春高中站。

附近景點

象山永春崗步道、虎山美的步道、天寶聖道宮

旅行建議

體力佳者可順遊豹山溪步道，登豹山，續走虎山美的步道回到永春陂生態濕地公園。

松山路　福德街
松山商職　松山商職
信義路六段　松山家商
往虎山稜線步道
美的世界社區
往　永春高中
永春高中　永春陂生態濕地公園
虎山美的世界社區步道
永春崗公園
松山路
岩壁
往象山
豹山溪步道
豹山觀景平台　瑤池宮
松山一坑
天寶聖道宮
獅山
北星寶宮
寒山寺
往象山
松山靈隱寺

● 永春陂生態濕地公園

29 / 象山自然步道
夜景、六巨石、彩繪岩壁、一線天

國際知名觀賞夜景步道
台北101 璀璨美麗夜色

象山自然步道緊鄰信義計畫區，是欣賞台北101夜景的著名步道，享譽國際。

象山自然步道最熱門的路線是從信義路五段150巷22弄靈雲宮旁的登山口爬往象山。步道入口距離捷運象山站僅700公尺，交通最為便利。

象山自然步道全線鋪設花崗岩石，並設有路燈，設施完善。循著主步道的石階路上行，一路爬升，約20分鐘，即可抵達象山著名的六巨石。步道沿途設有兩座攝影平台，最熱門的一座攝影平台就位於六巨石旁。夜遊的遊客大多停留在此地欣賞台北101夜景。

從六巨石繼續前行，經過「象山崗」岩壁刻字，不久即登頂象山。象山，海拔186公尺，山頂有涼亭及休閒設施。從山頂的岔路取左行，附近的超然亭也是欣賞台北101夜景的著名地點。續行的步道通往永春崗公園，途中有左岔路銜接象山一線天步道，途中有「一線天」岩縫、「彩繪大岩壁」等景點，途中的永春亭，附近有一座煙火平台，亦是欣賞台北101夜景的地點。

從永春亭續行，有步道通往靈雲宮登山口，也有支線步道通往攝手平台，然後返回靈雲宮登山口。這樣的環狀路線搜羅了象山自然步道最菁華的景點。

● 六巨石

● 象山一線天步道

步道路況

（路況良好，一小段石階爬坡路）

路程時間	捷運象山站2號出口→15分鐘→象山靈雲宮登山口→20分鐘→六巨石→5分鐘→象山→10分鐘→岔路往一線天→30分鐘→煙火平台→15分鐘→象山靈雲宮登山口
交通資訊	【自行開車】地圖衛星導航輸入「象山親山步道」，即可導航至信義路五段150巷22弄內的步道入口（附近巷道狹窄無停車空地）。 【大眾運輸】搭乘捷運淡水信義線至象山站，從2號出口沿著象山公園步行約700公尺至步道入口。或搭乘公車32、33、承德幹線至信義國中站。
附近景點	拇指山、南港山稜線步道、天寶聖道宮。
旅行建議	傍晚時造訪，欣賞台北101夜景。

● 象山攝手平台

30 / 富陽自然生態公園
生態園區、軍事遺跡、福州山公園

捷運站旁鬧中取靜
原始自然森林公園

　　富陽自然生態公園座落於福州山的西北麓，距離捷運麟光站不到400公尺，附近公寓林立，人口稠密。然而因為富陽自然生態公園昔日屬於軍事營區，長期受到管制，所以未遭人為破壞，以原始自然的生態景觀著名。

　　一進入公園，就彷彿從高樓大廈林立的都市環境，忽然闖入原始森林裡，令人感到一陣驚喜。公園內小徑幽雅，小路交錯，各個岔路口指標清楚，即使隨意閒逛，也不必擔心會迷路。園內隨處可以看見昔日軍營留下來的軍事設施，如防空壕涵洞、軍事石階、碉堡崗哨等設施，自然生態公園裡，也充滿著歷史人文的氛圍。

　　園內有步道通往附近的福州山公園及中埔山。這兩座山都是海拔一百多公尺的小山，山頂都有良好展望，亦可以順道遊覽。近年來，市政府又在鄰旁新建一座黎和生態公園，與富陽自然生態公園有小徑相通。黎和生態公園設有兒童遊戲設施，公園的廣場可以近距離觀賞捷運文湖線列車從面前通過的景象，是一處適合親子悠遊的景點。

　　富陽自然生態公園幽隱於森林，宛如桃花源之境；黎和公園則地處空曠，視野開闊，兩座公園，各有特色，一次出遊，可以兩者兼得。

● 富陽自然生態公園內的軍事遺跡

● 黎和公園

步道路況

👣
👣
👣
👣
👣

（路況良好，老少咸宜）

捷運麟光站
捷運麟光站
臥龍街　　406巷
416巷
和平東路三段
富陽街
福州山公園觀景平台
臥龍街
臥龍街272巷
臥龍街
軍事涵洞遺址
富陽自然生態公園
福州山步道
黎和生態公園
512巷
觀景平台
往中埔山
往木柵

路程時間	富陽自然生態公園悠遊一圈約一小時。 富陽自然生態公園→20分鐘→福州山→30分鐘→中埔山東峰
交通資訊	【自行開車】地圖衛星導航輸入「富陽自然生態公園」，即可導航至富陽街街底的富陽自然生態公園入口。附近馬路設有收費停車格，但車位有限。 【大眾運輸】搭乘捷運文湖線至麟光站，步行約400公尺抵達富陽自然生態公園入口。或搭乘任何可以抵達捷運麟光站的公車。
附近景點	福州山公園、中埔山、黎和生態公園。
旅行建議	可順遊福州山公園、中埔山或黎和生態公園。

● 富陽自然生態公園

31 / 指南宮步道
日式石燈籠、朝山步道、寺廟風情

／ 指南宮朝山步道千階行
竹柏參道濃濃日式風情

　　指南宮步道是早期信徒朝拜指南宮的參道，步道起點在政治大學實驗小學附近的指南路三段33巷內。入口有一座指南宮牌樓。

　　指南宮步道的石階超過千階，因此又稱「指南宮千階步道」，沿途有多棵竹柏老樹，因此也稱為「指南宮竹柏參道」。步道沿途有石獅、石象，以及日式風格的牌樓、涼亭等。步道旁古樸的石燈籠，基座有日治時代的紀元，充滿日式風情。

　　大約步行1公里石階爬坡路段，來到福德宮。續往上行約一百多公尺，抵達指南宮。指南宮，俗稱「仙公廟」，創建於清朝光緒十六年（1890），本殿主祀孚佑帝君，就是民間俗稱八仙之一的呂洞賓。除了本殿，指南宮還有大雄寶殿（佛祖殿）、大成殿（孔廟）及凌霄寶殿（玉皇殿），融貫儒、道、釋三教。指南宮俯臨文山區，廟前的廣場也是欣賞夜景的好地點。

　　指南宮本殿旁有廊道通往各殿，凌霄寶殿的後方就是貓空纜車指南宮站。若想輕鬆悠遊指南宮步道，可以選擇搭貓空纜車至指南宮站。出站後，循著指標，從上方往下走，沿途參觀指南宮各殿，可以輕鬆欣賞宗教人文風采，而不必辛苦登爬千階。

● 指南宮步道旁的石燈籠

● 指南宮

步道路況

（路況良好，較多石階爬坡路段）

北政國中　政大一街　萬壽路
33巷　指南宮步道　凌霄寶殿　動物園山　新光路二段74巷
指南路三段　指　指南宮　指南宮　猴山岳前峰
南　福德宮　後山步道
宮　慈惠堂　指南宮站　猴山岳
大雄寶殿　綠光平台　猴山岳土雞城
指南路三段　指南路二段　往二格山
34巷　指南國小　大成殿步道　157巷
木柵茶葉古道　指南溪　往草湳大榕樹
指南路三段　往茶展中心
38巷

路程時間	指南宮牌樓（指南路三段33巷內）→50分鐘→指南宮→10分鐘→凌霄寶殿→5分鐘→貓空纜車指南宮站
交通資訊	【自行開車】地圖衛星導航輸入「指南宮千階親山步道」，即可導航至指南路二段33巷內的指南宮牌樓登山口。登山口附近道路狹窄，不易停車。 【大眾運輸】搭乘公車66、236、282、295、530、611、676、679、小10、棕3、棕5、棕6、棕11、棕15、棕18、綠1等公車至政大站，沿指南路二段步行至指南路三段33巷內的登山口。
附近景點	台北市立動物園、十二生肖步道、貓空樟樹步道。
旅行建議	搭乘貓空纜車至指南宮站，從山上往下走步道較為輕鬆。亦可搭乘纜車順遊貓空附近的步道及景點。

● 指南宮的展望台

32 / 十二生肖步道
貓纜指南宮站、觀看纜車、戀人平台

十二生肖步道屬於指南風景區，是近幾年指南宮新建的園內步道，步道入口位於貓空纜車指南宮站的廣場旁。搭乘貓空纜車就可以輕鬆造訪這條步道。

十二生肖步道沿途設有十二生肖石雕，因而得名。途中又有不少岔路，形成大小環狀路線，提供遊客休閒散步。早期指南宮曾經在後山設置動物園，供遊客參觀，在步道旁還可看見荒廢的動物寮舍，是昔日指南宮動物園的遺跡。

十二生肖步道迂迴上行，循著主步道步行約15～20分鐘，即可抵達山頂的戀人平台及綠能涼亭。山頂的這座山丘稱為「指南宮動物園山」。一台台的纜車咻咻地從山頂的上空通過，這裡也成為觀賞及拍攝空中纜車的最佳景點。遊客可以透過錯位攝影，拍出單手托著纜車或頭頂著纜車等各式各樣與纜車合影的有趣畫面。

貓空纜車指南宮站旁設有綠光平台，而十二生肖步道終點的山頂有戀人平台，都可以近距離觀看空中纜車。這條步道是結合搭乘空中纜車與觀賞纜車的郊遊路線，是一條非常適合約會的浪漫踏青路線。

● 貓空纜車指南宮站

● 從十二生肖步道觀看空中纜車

往動物園站

指南宮動物園山 ▲ 🏠 綠能涼亭

🏠 戀人平台

十二生肖步道

姻緣木棧道

往猴山岳

🏠 迎仙亭

指南宮站 🏠 迎仙珍館

🏛 往指南宮

猴山岳登山口

P 🚻

指南路三段157巷

往貓空站

猴山岳登山口

路程時間 　貓空纜車指南宮站→20分鐘→戀人平台。

交通資訊
【自行開車】地圖衛星導航輸入「指南宮後山停車場（第三停車場）」，即可導航至指南宮站旁的停車場。
【大眾運輸】搭乘貓空纜車至指南宮站，或搭乘小10（經指南宮）、貓空左線（指南宮）至貓纜指南宮站。

附近景點 　指南宮、指南宮步道、猴山岳登山步道。

旅行建議 　參觀指南宮，順遊指南宮步道。

● 十二生肖步道山頂觀景平台

33 / 小坑溪文學步道
溪流、生態、百年朴樹、光緒古碑

小坑溪優雅水岸空間
小坑福德宮老樹古碑

小坑溪親水文學步道位於文山區政大一街36巷到210巷之間，沿著小坑溪的溪岸，長約600公尺。

台北市政府以生態工法整治小坑溪，添設休憩設施，規劃為「小坑溪自然步道」，後來又在步道沿途設置文學詩句，命名為「小坑溪親水文學步道」，成為一條幽雅且富於詩意的步道。

政大一街36巷巷口的步道入口，有「清溪綠地」小公園及木造涼亭。步道沿著小坑溪的溪岸往上游走，沿途設有四座木橋，穿梭於溪流兩岸，步道旁花木扶疏，溪流有小池、砌石、淺瀑、魚梯、水草，沿溪行，或佇足欣賞文學詩句，或閒坐座椅觀魚悠游，徜徉其間，頗有雅趣。經過兩座木橋之後，抵達親水平台及小廣場。這裡是親水空間，廣場也是伸展筋骨活動的場所。廣場旁有石階步道通往上方的小坑福德宮。這是一間百年古廟，為廟中廟的格局，廟後方一棵百年朴樹，樹下有一塊清朝光緒二年（1876）的古碑，見證了小坑福德宮悠久的歷史。

從親水平台繼續前行，過小橋，沿著小坑溪溪岸走往上游，河岸有竹林及拓墾地，再過一座小橋之後，即抵達步道終點——政大一街210巷。

● 小坑溪親水文學步道

● 小坑福德宮光緒二年古碑及百年朴樹

政大二街

指南路二段

政大三街臨時平面臨車場 P

往萬壽路

政大三街

政大一街

210巷

小坑口
國立政治大學

小坑溪

小坑福德宮

36巷

清溪綠地

小橋

小橋 小橋

國立政治大學
附屬實驗小學

小橋

指南路三段

往指南宮/貓空

步道路況

（路況良好，老少咸宜）

路程時間	政大一街36巷步道入口→20分鐘→政大一街210巷步道入口
交通資訊	【自行開車】地圖衛星導航輸入「清溪綠地」，即可導航至政大一街36巷步道入口，但附近不易停車。建議導航至政大一街210巷的步道入口，附近路旁空地可停車。 【大眾運輸】從捷運動物園站搭乘棕11、棕15公車或從捷運萬芳社區站搭乘棕5、小10公車至小坑口站。
附近景點	貓空纜車、指南宮步道、貓空樟樹步道、木柵茶葉古道。
旅行建議	可順遊木柵貓空地區的步道。

小坑溪親水平台

34 / 貓空樟樹步道
茶山、埤塘、古厝、老樟、魯冰花

貓空最熱門的踏青步道
欣賞茶山風光魯冰花海

樟樹步道是貓空地區熱門的步道，全長1260公尺，沿途設置涼亭、生態池、牛車、穀倉、土角厝等早期農村復舊意象，讓遊客在欣賞茶山風光之餘，也能體驗早期農家的生活情景。

從貓空站出發，步行約二百公尺，即抵達樟樹步道的入口。步道穿過樟湖聚落的山坡地帶，鋪設寬闊的花崗岩石階，平緩好走，老少咸宜。步道途中的彩雲亭是主要的休憩區，有一座生態埤塘，旁有小徑通往附近的楓樹林休憩平台，池塘旁的園圃栽種魯冰花，每年3～4月花季時，形成一片黃色花海美景。

「樟湖」的地名，源於早期這片山坡擁有茂盛的樟樹林，後來開闢為茶園及農圃，樟樹已不多見，沿途只有「樟樹古厝」涼亭附近還有十幾棵老樟樹，其中有的樹齡已達百年以上，這也是「樟樹步道」命名的由來。

經過樟樹古厝，續行不遠即抵達步道終點──指南路三段34巷，可以繼續走往附近的樟山寺或樟湖步道，不過以原路折返最為方便。樟山寺的路口有貓空遊園小巴士的公車站牌，若有長輩或幼兒同行，回程可搭乘小巴士返回貓空纜車站。

● 樟樹步道生態埤塘

● 樟樹步道彩雲亭

步道路況

👣👣👣👣👣

（路況良好，老少咸宜）

地圖標示：

往樟山寺　指南路三段34巷　往指南國小

樟山寺站　　　　　　茶葉古道　美加茶園 景觀餐廳

老泉街45巷

往杏花林　瓦厝　樟樹林

指南路三段38巷

樟樹古厝　茶園

福德宮　　　楓樹林　　　貓空站 貓空纜車站

指南路三段34巷　　穀倉涼亭　茶言觀舍 三玄宮　往草湳

往待老坑山　　　　彩雲亭　大觀園

張迺妙茶師紀念館　指南路三段38巷　貓空越嶺步道

樟湖步道　　樟湖步道　往鵝角格山

往銀河洞　往鵝角格山

路程時間	步道全長1260公尺，步行時間單程約30～40分鐘。（從貓纜貓空站起算，全長約1.5公里）
交通資訊	【自行開車】地圖衛星導航輸入「樟樹步道」，即可導航至貓空纜車站附近的樟樹步道入口。步道入口附近缺乏停車位，建議搭乘大眾運輸工具或停車於附近的餐廳停車場（在餐廳用餐），遊覽樟樹步道。 【大眾運輸】搭乘貓空纜車至貓空站，或搭乘公車小10、棕15至貓空纜車站，步行至步道入口。
附近景點	樟湖步道、貓空纜車、指南宮步道。
旅行建議	樟樹步道較缺乏遮蔭，不宜在氣溫炎熱的時段來訪。

● 樟樹古厝

35 / 仙跡岩步道

景美山、仙跡岩、木棧道、生態觀察

著名仙跡巖仙人奇岩
完善高架棧道賞風景

仙跡岩步道是非常大眾化的休閒步道，從捷運景美站步行約幾分鐘，即可抵達景興路243巷仙跡岩牌樓登山口。

僅僅一小段上坡石階步道，隨即為平緩寬闊的步道，沿著山腰緩緩上行。步道沿途出現幾座古樸的日式石燈籠。步行約20分鐘，通往仙巖廟。仙巖廟主祀孚佑帝君呂洞賓。廟前視野遼闊，可以遠眺台北盆地，仙跡岩與公館附近的內埔山（蟾蜍山）遙遙相對。

續往上行，有一條新建的棧道捷徑可直登仙跡岩，亦可繼續前行從前方的步道繞行上山，先登景美山，再至仙跡岩。通往景美山的這條步道為高架棧道，以保護地表的生態環境。景美山，海拔144公尺，位於景美溪匯入新店溪的溪口附近，所以又稱「溪子口山」。山頂設有休憩平台。仙跡岩就在山頂附近，亦設有觀景涼亭，涼亭外，有一塊褚紅色的巨岩，就是著名的仙跡岩了，傳說岩壁凹痕為仙人呂洞賓所留足跡，不過痕跡已漸漸磨滅，不易辨認。

續行轉為下坡路，沿途有右岔路可銜接仙跡岩步道。續取直行，經過「圳後山」之後，一路下坡，然後從「竹林義應公廟」附近的景興路297巷下山。續步行約5分鐘，即可返回仙跡岩牌樓登山口。

● 仙跡岩登山口牌樓（景興路243巷）

● 仙跡岩步道

地圖

往景華街
往興隆路三段304巷登山口
仙巖廟
景中街
景美站
景美山
仙跡岩
集應廟
仙跡岩
景興路
景美獅子亭
羅斯福路六段
景文街
牌樓
休憩廣場
243巷
紫範宮
景美國小(景興)
圳後山
世新大學
297巷
景美國小P
竹林義應公廟
考試院
景美街
木柵路一段
景美溪
木柵路一段

（路況良好，老少咸宜）

步道路況

路程 時間	景興路243巷牌樓→20分鐘→仙跡岩廟→12分鐘→景美山/仙跡岩→30分鐘→竹林義應公廟→2分鐘→景興路297巷登山口→5分鐘→景興路243巷牌樓
交通 資訊	【自行開車】地圖衛星導航輸入「台北市文山區景興路243號」即可抵達目的地。或導航至「景美國小地下停車場」，再步行至景興路243巷登山口。 【大眾運輸】搭乘捷運松山新店線至景美站，步行至景興路243巷仙跡岩牌樓登山口。或搭乘公車251、253、505、660、673、666、915、棕6、棕12、棕22至景美國小（景興）站。
附近 景點	景美集應廟（市定古蹟）。
旅行 建議	順遊附近景美夜市及集應廟歷史古蹟。

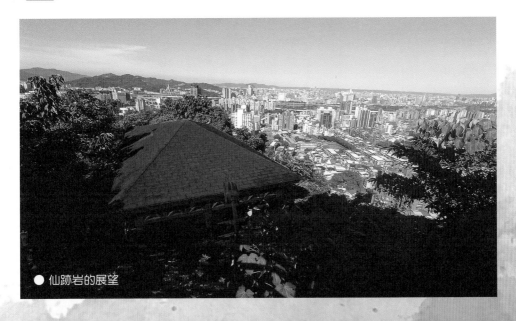

● 仙跡岩的展望

PART 2

新北市
步道漫遊

36 / 炮子崙瀑布步道

溪流、瀑布、天然SPA

深坑近郊隱密的瀑布
走路15分鐘輕鬆抵達

炮子崙瀑布隱身於深坑炮子崙的山區，距離深坑熱鬧市區並不遠，卻是一處山友口耳相傳的溪谷祕境。

不過近年來，瀑布漸漸知名，步道已不再隱密，造訪的遊客漸多。從深坑外環道的環山路轉入炮子崙產業道路，上行約1.5公里，馬路的左側有一條小徑，即是炮子崙步道的入口。現在已有熱心民眾設立正式指標，馬路旁也設有流動廁所。

循小徑進入，山徑沿著溪岸上行，原有的土階小徑，已鋪上水泥步道，沿途亦設有石椅及觀景平台，設施變得完善。步道行經溪谷環境，溪谷也有小瀑布。沿途森林茂密，林蔭涼爽怡人。

大約步行15分鐘，即抵達步道終點。炮子崙瀑布自峭壁崖頂奔流直下，溪旁有民眾設置的休憩亭及更衣室，常有早覺會民眾來此享受瀑布SPA及戲水。炮子崙瀑布幽隱於山中，來此觀瀑戲水，逍遙自在，不過瀑布下方的溪谷，腹地空間有限，隨著瀑布知名度漸增，遊客漸多，建議避免於假日時來訪，以免過於擁擠。在瀑布下方戲水應特別注意安全。

● 炮子崙瀑布步道入口

● 炮子崙瀑布步道

往魚衡山／天龍宮

炮子崙產業道路

往清龍宮

阿柔幹44

炮子崙步道

炮子崙 炮子崙瀑布步道

炮子崙瀑布

炮子崙溪

新光路
二段74巷

茶山古道

往猴山岳

往猴山岳/木柵草湳

步道路況

👣👣👣👣

（路況良好，注意濕滑）

**路程
時間**

炮子崙產業道路路口→30分鐘→炮子崙瀑布步道入口→15分鐘→炮子崙瀑布。

**交通
資訊**

【自行開車】地圖衛星導航輸入「炮子崙」，即可導引至深坑區炮子崙產業道
　　　　　　路，續行約1.5公里，左側橋前有一小徑，入口設有「炮子崙瀑布
　　　　　　（四龍瀑布）」的指標。鄰旁設有流動廁所。

【大眾運輸】從深坑國小搭乘新巴士F712至炮子崙站；或搭乘公車236、912、
　　　　　　923至阿柔洋站，步行約1.5公里至步道入口。

**附近
景點**

深坑老街、茶山古道。

**旅行
建議**

可順遊深坑老街。或連走附近茶山古道，爬往猴山岳。

● 炮子崙瀑布

37 / 烏塗溪步道
觀魚、親水、大板根、摸乳巷

　　烏塗溪步道是一條怡人的水岸步道，從石碇國小出發，沿著烏塗溪的溪岸，經過摸乳巷、溪邊寮，抵達烏塗窟，全長約2公里。

　　進入步道即可看見一座景觀橋跨越烏塗溪。橋旁有一座運煤橋遺跡。橋上立有導覽牌，介紹石碇當地煤礦產業的歷史。

　　沿著烏塗溪岸繼續前行，前方的溪谷有高達65公尺的橋墩，上面的高架橋梁是蔣渭水高速公路。步道沿溪行，有小徑通溪邊，烏塗溪護魚有成，溪流中有成群魚兒悠游。前行10餘分鐘，路旁出現一棵大板根樹，外露的板根長達二公尺，令人驚艷。續行不久，抵達一座小橋，旁有右岔路，為摸乳巷越嶺保甲路，是昔日的古道。繼續直行一小段石階路，抵達摸乳巷聚落。摸乳巷地名，源自昔日臨溪的一段小徑非常狹窄，農夫挑運農產品行走時，須一手抓著山壁兩顆突出的石塊，另一手扶著扁擔，以保持平衡。因石塊宛如石乳，所以這裡被戲稱為「摸乳巷」，因此成了地名。後來道路拓寬之後，摸乳巷的舊地貌已經消失。

　　步道經過摸乳巷8號民宅前，從溪岸的橋下通過，續沿溪而行。約15分鐘，抵達溪邊寮，溪畔有幾戶人家。續行不久，抵達步道終點──烏塗窟。烏塗窟是昔日石碇往坪林淡蘭古道途中必經的聚落。回程可原路折返，亦可在烏塗窟搭乘公車返回石碇老街。

● 烏塗溪

● 烏塗溪步道

步道路況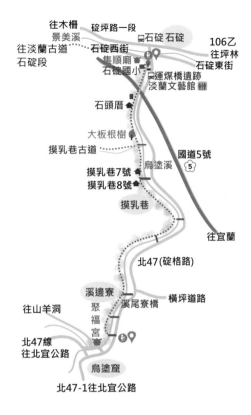

（路況良好，老少咸宜）

路程時間	石碇國小→20分鐘→大板根樹→5分鐘→摸乳巷→15分鐘→溪邊寮→10分鐘→步道終點，單程約50～60分鐘
交通資訊	**【自行開車】** 地圖衛星導航輸入「石碇淡蘭文藝館」，附近路旁設有停車格。 **【大眾運輸】** 搭乘公車666（皇帝殿）、666（華梵大學）至石碇站；或公車666（烏塗窟）至石碇國小站。
附近景點	石碇老街、淡蘭古道石碇段（外按古道）。
旅行建議	烏塗溪步道平緩好走，適合親子出遊，亦可連走附近的淡蘭古道石碇段（外按古道）。

往木柵
碇坪路一段
石碇 石碇
景美溪
106乙
往淡蘭古道
石碇西街
石碇東街
石碇段
往坪林
集順廟
石碇國小
運煤橋遺跡
淡蘭文藝館
石頭厝
大板根樹
摸乳巷古道
國道5號
烏塗溪
摸乳巷7號
摸乳巷8號
摸乳巷
往宜蘭
北47(碇格路)
溪邊寮
橫坪道路
往山羊洞
溪尾寮橋
聚福宮
北47線
往北宜公路
烏塗窟
北47-1往北宜公路

● 步道途中的大板根樹

38 / 永安景觀步道
北勢溪風光、八卦茶園、千島湖

/ 北勢溪上游湖光山色
順遊千島湖八卦茶園

永安景觀步道位於有「翡翠水庫後花園」之稱的北勢溪上游，附近有千島湖、八卦茶園等景點，湖光山色優美，現在已成為很熱門的景點。

永安景觀步道全長約1.1公里，從步道北口進入，即見美麗的茶園風光與北勢溪曲流形成的「土虱頭」景觀。北勢溪遠遠流緩而來，水庫興建後，水位上升，河流變成湖泊，湖色如翡翠般碧綠，倒映山影。永安景觀步道沿著山腰，通往塗潭的樟園，是昔日當地村落之間的保甲路。步道前面400公尺已鋪石磚，過第一座木橋之後，步道變為泥土路，維持自然風貌。沿途共有四座木橋跨越小溪溝，步道迂迴腰繞於林間，有林蔭遮蔽，走來舒適自在，北勢溪則被樹林遮蔽，若隱若現，只有來到林間開闊處，才又見湖景美色。

途中有一段舊有保甲路途已崩塌，代以高架的棧道從上方高繞過去。步行大約20～30分鐘，抵達步道的南口，接產業道路。沿著產業道路往下走，約3分鐘，抵達溪岸的小聚落——樟園，因昔日此地有樟樹林而得名。翡翠水庫興建後，聚落人口外流，只剩荒廢的石頭厝，景況寂寥。循著原路，返回永安景觀步道北口，接著可順訪附近的八卦茶園、千島湖等景點。

● 永安景觀步道北口

● 茶園風光與土虱頭景觀

步道路況

👣
👣
👣
👣

（路況良好，部分路段為泥土山徑）

地圖標示

往北宜公路
往北宜公路 27K處 🚌十三股
往北宜公路

■土虱頭觀景台

塗潭巷
直潭福德宮

石碇千島湖觀景台■
塗潭福德宮

潭腰
八卦茶園
失落的村落

八卦茶園餐廳
北口

茶園
土虱頭

有應公廟

永安景觀步道

北勢溪

南口

塗潭
樟園

路程時間	永安景觀步道北口→25分鐘→永安景觀步道南口→3分鐘→樟園石頭厝。

交通資訊

【自行開車】地圖衛星導航輸入「永安景觀步道」，即可導航至北宜路六段塗潭巷的永安景觀步道北口，可以在附近路旁尋找空地停車。

【大眾運輸】無。從捷運新店站搭乘綠12公車至十三股站，須步行4公里才能抵達步道入口。建議轉乘計程車等交通工具前往。

附近景點

石碇千島湖、八卦茶園。

旅行建議

塗潭巷產業道路狹窄，步道入口附近停車空間有限，避免假日開車前往。

● 步道入口就可以眺覽北勢溪優美風光

39 / 石碇鱷魚島
小獅頭山、鱷魚島景觀

獅頭山森林小徑優雅怡人
翡翠水庫鱷魚頭唯妙唯肖

石碇鱷魚島是近年來熱門的景點。鱷魚島並非真正的島嶼，而是翡翠水庫興建後，北勢溪上游集水區水位上升，曲流圍繞山稜，造成形似鱷魚的島嶼景觀，因此被稱為「鱷魚島」。

造訪鱷魚島有三條路線。一是直接開車或騎車上山，抵達鱷魚島觀景平台。不過這條上山的農路非常狹窄，會車困難，山頂空地僅能停放三、四輛汽車。建議勿開車上山，以免趁興而去，卻敗興而回。

第二條路線，適合搭乘公車前來的遊客，在小格頭站下車，從碧山派出所旁的竹坑道路下行，抵達大湖巷1號文山包種茶商店，屋前的茶園入口即登山口，爬往小格頭獅頭山，大約40分鐘，即可抵達鱷魚島觀景平台。然而這條路線是山徑，較適合有登山經驗者，若無登山經驗，建議最好結伴而行。

第三條路線，是開車或騎車走竹坑道路至竹坑福德宮，然後續行約0.5公里，即可抵達竹坑步道入口（竹坑巷28-5號民宅旁），附近路旁空地可以停車。從步道入口上行大約20分鐘，即可抵達鱷魚島最佳觀景點，續往上爬約10分鐘，即可抵達鱷魚島觀景平台。這條步道路況較佳，適合一般遊客，但交通不便，必須自備交通工具。

● 小格頭獅頭山山徑

● 從竹坑爬向鱷魚島最佳觀景點途中

步道路況

（路跡清楚，以泥路山徑為主）

路程時間

碧山派出所→5分鐘→大湖巷2號
→40分鐘→鱷魚島觀景平台。
竹坑→20分鐘→鱷魚島最佳觀景點
→10分鐘→鱷魚島觀景平台

交通資訊

【自行開車】
地圖衛星導航輸入「新店分局碧山
派出所」，從派出所旁進入竹坑
道，至大湖巷1號文山包種茶商店
（第二條路線）。路旁不易停車，
建議停車於碧山派出所附近公路旁
空地。或輸入「竹坑福德宮」（第
三條路線）至竹坑。

【大眾運輸】
從捷運新店站搭乘綠12公車至小格
頭站，步行約5分鐘至大湖巷1號登
山口。

附近景點

雲海國小、二格山自然中心森林步
道、二格公園。

旅行建議

若開車前往鱷魚島觀景點，建議走
第三條路線。竹坑登山口附近較好
停車，距離鱷魚島最佳觀景點最
近，比第二條路線好走。

往新店/台北　北宜公路　往坪林/宜蘭
⑨
24.5K
碧山派出所
天紫聖華宮　　　　　　濕水子巷
文山包種茶　大湖巷1,2號
茶園　　　　　　往濕水子
竹　　　　大湖巷
竹坑道路　林
竹坑道路　　　　　　　　潭腰道路
小格頭獅頭山　　　　　　往潭腰
茶園
觀景平台
竹坑　　　最佳觀景點
竹坑福德宮
茶園
竹坑巷28-5號
鷺鷥潭
鱷魚潭　潭腰
鱷魚島

● 鱷魚島最佳觀景點

40 / 翠湖步道
礦場遺跡、生態湖、賞鳥、賞桐

汐止著名賞桐景點
山中翠綠湖泊幽境

翠湖位於汐止金龍湖附近的山區，擁有豐富的自然生態與礦業人文遺跡；雖然地勢不高，卻擁有中海拔的林相，生態環境極為豐富，翠湖周遭經常可見台灣藍鵲的蹤跡。

翠湖產業道路的入口處在金龍湖畔金龍福德宮，附近路旁空地可以停車。若是搭乘公車，可以在金龍里站下車，步行湖前街，走往水蓮山莊方向，過橋後，進入金龍湖環湖步道，再銜接翠湖產業道路（湖東街5巷），前往翠湖步道入口。翠湖步道是昔日的運煤台車道，步道寬闊，平緩好走，途中經過一座小土地公廟，附近是昔日新益興煤礦北港二坑的礦場，路旁及林間可見礦場斷垣殘壁的遺跡。

繼續前行，除了原有泥土小徑，也鋪設新的木棧道，四、五月造訪時，步道沿途油桐花灑落滿地。步行約15分鐘，抵達翠湖。翠湖是昔日採礦傾倒廢土阻塞溪水而形成的小湖泊。湖岸野薑花盎然生長。翠湖，當地人稱為「蝴蝶谷」，春夏之交，彩蝶飛舞。周遭林間有不少油桐樹，是汐止著名的賞桐景點。礦場結束營運後，環境不再吵雜，原本的堰塞湖，化身為美麗的翠湖，湖岸森林漸成了動物的天堂，翠湖步道也成為著名的踏青路線。翠湖有環湖步道，環繞一圈約20分鐘，亦有登山步道，可爬往附近的內溝山、油桐嶺及老鷲尖。

● 翠湖步道

● 步道途中的礦場遺跡

步道路況

（路況良好，部分路段為泥土山徑）

地圖標示：

往八連路二段　老鷹尖
往學頭坡山
康樂街275巷
福德宮　油桐嶺
北天宮
內溝山　翠湖
內溝溪生態展示館　北港二坑
福安廟　福德宮
康樂街
湖東街5巷
往金龍湖

往翠湖
湖東街5巷
水蓮山莊
金龍湖環湖步道
北峰寺
金龍湖
金龍湖福德宮
湖東街5巷
湖前街
明峰街　湖東街口
金龍里

路程時間

金龍湖福德宮→25分鐘（1.3公里）→步道入口→20分鐘→翠湖

交通資訊

【自行開車】地圖衛星導航輸入「金龍湖福德宮」，即可導航至湖東街5巷金龍湖福德宮，續行不遠的道路兩旁空地可以停車。湖東街5巷道路較為狹窄，建議假日造訪翠湖時，勿直接開車至步道入口。

【大眾運輸】搭乘公車590、677（副）、817、896、F913至金龍里，從湖前街走往水蓮山莊方向，過橋後，進入金龍湖環湖步道，前往翠湖步道。

附近景點

金龍湖、內溝山、老鷹尖。

旅行建議

體力佳者可續從翠湖爬往內溝山、油桐嶺、老鷹尖。

●翠湖

41 / 姜子寮絕壁步道
瀑布、峭壁、壺穴、溪流
姜子寮絕壁熱門步道
觀賞瀑布壺穴大峭壁

姜子寮絕壁隱身於汐止姜子寮溪上游，原是一處山友口耳相傳的祕境，如今已成為大眾化的景點。

步道入口位於姜子寮產業道路終點的姜子寮公園對面。從小柏油路進入，抵達停車場。從這裡出發，全長約1.1公里的姜子寮絕壁步道，前面800公尺已開闢為產業道路，只有後段的300公尺是人行步道。

步行產業道路至一大轉彎處，即可看見右側的步道入口，步道沿著溪岸通往姜子寮絕壁。由於熱心民眾修繕步道，現在已鋪設石板步道，路況頗佳，沿途也增設休憩座椅及觀瀑平台，讓遊客眺望姜子寮瀑布。姜子寮絕壁就座落於瀑布上方的溪谷，爬上最後一段岩階路，就可以看見姜子寮絕壁矗立於溪岸，高約四、五層樓，是整塊裸露的岩壁。峭壁下方的河床是整塊石磐構成，經過水流長期沖刷，形成壺穴地形，河床也宛如天然滑水道，溪水流至前方斷崖，形成姜子寮瀑布。由於姜子寮絕壁矗立於溪岸，常有大小落石，因此不宜在溪谷逗留或戲水。

姜子寮絕壁還有小徑通往上游，上游還有一處溪谷祕境及斜瀑。往上游的溪岸小徑，並非正式步道，建議不宜過於深入，以原路折返為宜。

● 姜子寮絕壁步道沿著溪岸而行

● 姜子寮瀑布

往泰安瀑布/旗尾崙/姜子寮山

福興宮

姜子寮路61巷

姜子寮路

往汐平公路
姜子寮路口

姜子寮公園　姜子寮　往旗尾崙

往汐止　姜子寮古道　舊步道

攔砂壩　民宅

天峰谷

姜子寮溪　姜子寮步道

姜子寮絕壁

姜子寮瀑布

汐平公路
北31線

福順宮　溪谷小瀑布

姜子寮古道

往姜子寮山

往平溪

| 路程時間 | 福興宮→25分鐘→姜子寮絕壁→20分鐘→福興宮 |

| 交通資訊 | 【自行開車】地圖衛星導航輸入「姜子寮福興宮」，即可抵達汐止姜子寮產業道路終點福興宮，廟旁空地可停車；亦可續開車往姜子寮步道口的停車場。 |
| | 【大眾運輸】從汐止火車站搭乘新巴士F905至姜子寮站。 |

| 附近景點 | 姜子寮公園、姜草越嶺古道至泰安瀑布。 |

| 旅行建議 | 通往姜子寮絕壁的舊步道（山徑）已少人行走，路況較差，建議走新開闢的產業道路前往步道入口。 |

● 姜子寮絕壁

42 / 夢湖步道
湖光山色、夢幻之湖

如夢似幻的山中湖泊
台灣蓋斑鬥魚復育地

夢湖為台北近郊罕見的中海拔湖泊，冬天湖面常有雲霧縹緲，如夢似幻，因而有「夢湖」的美名。夢湖有稀有水韭植物，這裡也是台灣細鯿的復育地。

早期的夢湖隱於山林，只能步行山徑前往。近年來已有產業道路直接抵達夢湖附近。新的步道，只需步行約5分鐘，就可輕鬆抵達夢湖湖畔，夢湖更容易親近，也成為熱門拍攝婚紗的景點之一。

夢湖湖岸有環湖小徑，湖畔建有涼亭及石椅。春天造訪時，湖畔的濕地草叢，蛙鳴不斷，蜻蜓、蝴蝶飛舞。山風來時，水波舞動，夢湖陣陣漣漪，景色怡人。五月則有油桐落花散落湖岸，讓人有絕塵脫俗的感覺。

新山聳峙於夢湖之畔，海拔499公尺。遊覽夢湖，亦可順登新山。新山與夢湖恰成明顯對比，新山壯闊，夢湖婉約。夢湖容易親近，可以輕鬆悠遊，登新山則須攀爬岩稜，屬於登山路線。夢湖左右側都有山徑可爬往新山，繞行新山一圈約一個小時。新山稜線，崎嶇起伏，得手腳併用，拉繩攀爬，有點危險，也很刺激。新山山頂，視野遼闊，有大山氣勢，是值得一爬的台北郊山。

● 夢湖步道

● 新山岩稜壯麗的風光

往汐萬路三段

新山 ▲

新山登山步道

夢湖

夢湖步道

夢湖路

往汐萬路三段

夢湖路
（約2公里）

二號橋　一號橋

夢湖路口

汐萬路三段

路程時間	產業道路終點→5分鐘→夢湖（夢湖環湖一圈約30分鐘）→60分鐘→新山
交通資訊	【自行開車】地圖衛星導航輸入「新山夢湖步道」，即可抵達汐止夢湖路終點，可以停車於路旁空地。 【大眾運輸】無公車。從汐止火車站搭乘F910至夢湖路口站，步行約2公里（上坡路）至夢湖步道入口。
附近景點	新山、拱北殿環山步道。
旅行建議	體力佳者，可順登新山登山步道。稜線山徑起伏，須注意安全。

● 夢湖

43 / 拱北殿環山步道
三秀山、古剎、賞楓

百年古剎楓紅迷人
環山步道賞楓悠遊

拱北殿是汐止著名的百年寺廟，創建於1906年，主祀孚佑帝君，是八仙之一的呂洞賓。最初為木造廟宇，歷經多次改建，如今廟宇建築恢宏。

拱北殿的後山建有環山步道，沿途設有涼亭，種植花木，尤其以楓樹著名。每到秋冬之際，拱北殿環山步道更成為台北著名的賞楓景點之一。

從拱北殿的停車場進入朝山步道，拾階而上，參道沿途有日治時代的石燈籠，古意盎然。抵達殿前廣場，即見層層山巒，景色怡人。正殿位於二樓，從正殿側門走出去，即進入環山步道。右側有望月亭，左邊有觀景平台，都是賞景佳處。經過觀景平台後，遇岔路，都是環山步道的路線，遊客可以隨意選擇步行路線，都通往步道最高處的川流亭。川流亭所在的山丘，稱為「三秀山」。

由川流亭續行，轉為石階下坡路，又有左右岔路，兩條步道殊途同歸，建議取右行，沿途會陸續經過仙丹亭、青楓亭、楓橋。楓橋是雙拱橋，橋旁的青楓，深秋時樹葉轉紅，是拱北殿賞楓佳境。過橋之後，步道與從川流亭下來的左線步道會合，續行經過飛鳳亭，返抵拱北殿的正殿。拱北殿最上層殿堂設有八仙洞，也可以順道一遊。

● 拱北殿展望良好

● 拱北殿環山步道

📍 步道路況 👣👣👣👣👣

（路況良好，老少咸宜）

路程時間
拱北殿環山步道環繞一圈約30分鐘

交通資訊
【自行開車】地圖衛星導航輸入「拱北殿停車場」，即可抵達拱北殿。停車場免費停車。
【大眾運輸】搭乘公車587、896、1192、F910至拱北殿站（汐萬路三段拱北殿入口）。

附近景點
新山夢湖、金明山、柯子林山。

旅行建議
深秋初冬，造訪拱北殿賞楓。

往北港山 (叭嗹港大尖)

拱北殿環山步道

川流亭　三秀山

休憩平台

萬壽亭　望月亭

八仙洞

仙丹亭

拱北殿

青楓亭　楓橋　飛鳳亭　正覺堂

石階步道

P

往汐萬路三段
🚏拱北殿

●拱北殿日式石燈籠

●拱北殿楓橋

44 / 望古賞瀑步道
瀑布、鐵道風光、嶺腳寮山

/ 望古瀑布境幽景美
森林小徑優雅怡人

望古是平溪較晚開墾的地區，原是小型聚落，後來因為慶和煤礦在附近採礦，為了便利運煤而設立慶和車站。慶和煤礦歇業之後，慶和車站改名為「望古車站」。

望古賞瀑步道是近年來頗熱門的一條步道，為寂寥的望古車站注入一股活力。步道入口就位於車站附近，從望古車站出發，沿著鐵軌旁的小路前行，前面佇立一座殘舊橋墩，是慶和運煤吊橋的遺跡，見證了昔日此地開採煤礦的歷史。續行約3、4分鐘，通過望古產業道路的高架橋，就可以望見望古賞瀑步道入口。步道先沿著鐵路旁一小段，然後上爬約100階的石階，隨即轉為平緩的腰繞路。續行不久，即遇左岔路，通往嶺腳寮山及嶺腳車站。仍取直行，隨即遇右岔路，有石階步道下行至溪谷，即抵達望古瀑布。

望古瀑布幽隱於溪谷，瀑布之下的溪潭，有魚兒悠游，周遭森林茂密，隔絕塵囂，頗有山中桃花源之境界。觀瀑之後，循原路折返，回到步道，續行賞瀑步道，沿途平緩好走，旁側也有小徑可通往望古瀑布上游的溪谷。步道終點的水泥橋，跨越溪谷，橋下也有一座瀑布。從望古車站走至這裡，大約半個多小時的路程而已，是一條相當輕鬆的賞瀑路線。

● 望古賞瀑步道

● 望古賞瀑步道

（路況良好，瀑布溪谷路段較為潮濕）

往靈巖寺(滴水觀音)

慶和吊橋遺跡

望古產業道路

清涼山天寧寺

望古賞瀑步道　望古瀑布　望古車站

福興宮
(百年土地公廟)　72號　嶺腳寮山登山步道

平溪線鐵路

慶和站

往十分

嶺腳老街　蔡家洋樓　嶺腳寮山

福安宮　基隆河

嶺腳車站　106

古橋

往平溪

嶺腳瀑布　石硿子產業道路

路程時間	望古車站→6分鐘→望古賞瀑步道入口→10分鐘→望古瀑布→10分鐘→望古賞瀑步道終點

交通資訊	【自行開車】地圖衛星導航輸入「望古車站」，抵達車站後，繼續往前行駛，沿途路旁有空地停車。
	【大眾運輸】從瑞芳搭乘平溪深澳線鐵路至望古車站；或搭乘795（木柵平溪線）、846（瑞芳平溪線）至慶和站。

附近景點	嶺腳寮山登山步道。

旅行建議	可順遊嶺腳寮山登山步道。從望古賞瀑步道走至嶺腳車站約1小時。嶺腳寮山屬於泥土路山徑，部分路段稍有起伏，但路況良好，指標清楚。

● 望古瀑布

45 / 四廣潭步道
壺穴、吊橋、瀑布、鐵道風光

/ 台灣最大簾幕式瀑布
吊橋觀瀑及鐵道風光

四廣潭，位於十分旅遊服務中心旁，基隆河迂迴流至此處，形成寬闊的潭水，形如四方，因此稱為「四廣潭」。

四廣潭湖岸設有湖岸步道，岸邊種植野薑花，下游河床岩石外露，經水流長期沖刷，形成壺穴地形。河床落差之間，水流湍急，出現瀑布的景觀。

遊客服務中心旁建有四廣潭吊橋，長約30公尺，跨越四廣潭，通往十分瀑布。經過吊橋，四廣潭步道沿著基隆河的河岸往下游方向，步行約3、4分鐘，就可遠遠望見平溪線鐵路的跨河鐵道橋。鐵道橋旁建有一座觀瀑吊橋，提供遊客通行。基隆河的支流月桃寮溪在吊橋旁注入基隆河。支流匯入主流的地方，因地層陷落並內凹，形成瀑布，左右各一內凹處，形似眼鏡，所以稱為「眼鏡洞瀑布」。觀瀑吊橋正是欣賞眼鏡洞瀑布最佳位置。

經過觀瀑吊橋，即抵達十分瀑布園區。十分瀑布有「台灣尼加拉瀑布」的美譽，是台灣最大的簾幕式瀑布，高約四、五層樓，河水奔騰而下，崖壁有崢嶸突兀的石塊與瀑水相激，瀑水奔騰，由左至右，散成七、八座瀑布，並排而下，形成一寬闊壯觀的簾幕式瀑布。園區原為私人經營，現在政府已收回管理，遊客可以免費入園欣賞台灣著名的十分瀑布。

● 觀瀑吊橋

● 眼鏡洞瀑布

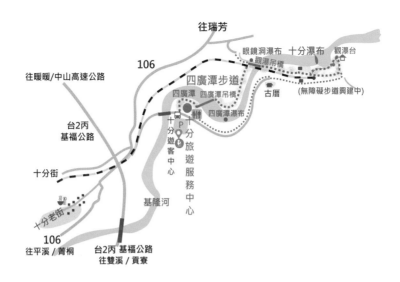

步道路況

（路況良好，老少咸宜）

往瑞芳

106

往暖暖/中山高速公路

台2丙
基福公路

十分街

眼鏡洞瀑布　十分瀑布　觀瀑台
● 觀瀑吊橋
四廣潭步道
四廣潭　四廣潭吊橋　　古厝
P　　四廣潭瀑布　　（無障礙步道興建中）
十分遊客服務中心

基隆河

十分老街

106

往平溪/菁桐

台2丙 基福公路
往雙溪/貢寮

路程時間
十分旅遊服務中心→20分鐘→十分瀑布風景區

交通資訊
【自行開車】地圖衛星導航輸入「十分旅遊服務中心停車場」，即可抵達十分旅遊服務中心收費停車場。

【大眾運輸】搭乘平溪線鐵路至十分車站，步行市道106號一公里（約15分鐘）至十分旅遊服務中心。或從木柵搭乘台灣好行795至十分遊客中心站。

附近景點
十分老街、台灣煤礦博物館。

旅行建議
可順遊平溪深澳線各個車站附近景點，包括猴硐、三貂嶺、大華、十分、望古、嶺腳、平溪、菁桐等車站。

○ 十分瀑布

46 / 圓通寺步道
古寺、巨岩、一線天、岩壁小徑

圓通禪寺創建於日治時代昭和元年（1926），由妙清尼師開山，為北台灣著名的禪寺之一。

圓通寺大殿是仿唐式的建築風格，而外觀融入當時流行的西方建築元素。例如：大殿廊柱採西洋柱式，柱頭的裝飾，也仿古希臘或羅馬的柱頭樣式。殿內神龕是西式，有繁複華麗的巴洛克裝飾。大殿兩側及後方的禪舍，

則以本地盛產的砂岩砌造成石頭樓舍，覆以日式的灰瓦，圓通寺亦以石頭砌造古堡典雅建築風貌而著稱。

圓通寺所在的地點，地名為「石壁湖」，是四百萬年前造山運動推擠沉積厚層砂岩而形成的山丘，由於地殼的擠壓，此地出現巨大岩壁的景觀。圓通寺的房舍或涼亭多倚靠岩壁而建，也有壯觀的石佛雕刻。岩壁區有兩條小徑，其中之一是開鑿岩壁成為石洞通道，稱為「一線天」。岩洞窄處，僅容身過，通往後山。另一條步道則是緊貼崖壁旁的石階爬上圓通寺的後山。後山有環山步道，環繞一圈，回到圓通寺，大約半個小時的路程。步道沿途設有自然解說牌，介紹圓通寺周遭的植物及地質特色。步道途中也有岔路，通往附近的仁慈寺，亦可從仁慈寺旁的步道繞回圓通寺。

● 圓通寺巨岩峭壁

● 一線天

● 圓通寺環山步道

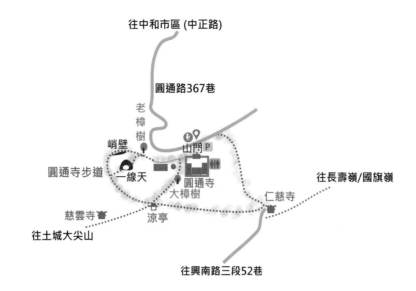

往中和市區 (中正路)

圓通路367巷

老樟樹

峭壁

圓通寺步道

一線天

山門 P

圓通寺

大樟樹

仁慈寺

往長壽嶺/國旗嶺

慈雲寺

涼亭

往土城大尖山

往興南路三段52巷

步道路況

（路況良好，舊石階較濕滑，注意安全）

路程時間

環山步道繞行圓通寺一圈約半個小時。圓通寺至仁慈寺約20分鐘。

交通資訊

【自行開車】地圖衛星導航輸入「新北市中和區圓通寺」，即可抵達圓通寺。圓通寺設有小型停車場。

【大眾運輸】搭乘公車201、241、242、243、藍41至中和站下車，循圓通路367巷步行約1.3公里至圓通寺。

附近景點

烘爐地南山福德祠、南勢角山、青春步道。

旅行建議

圓通寺可越嶺中和烘爐地，不過路程較長（約需2.5小時），須注意沿途指標。

● 圓通寺

47 / 烘爐地青春步道

南山福德宮、南勢角山、石龍洞觀音

青春步道登南勢角山
悠遊青春嶺稜線山徑

青春步道是一條沿著南勢角山的山稜，從烘爐地通往新店彩蝶別墅社區的自然步道，山稜起伏不大，沿途設有涼亭及早覺會搭設的休憩場所，全長約1.3公里，以泥土山徑為主，是一條大眾化的登山路線。

青春步道的入口就在烘爐地南山福德宮的後方。繞到廟後方，即可看見步道入口指標。拾階而上，爬過小丘後，下行即接橫向的青春步道。取右行，青春步道緩緩上坡，隨即來到一處展望點，可以眺覽附近山景。續行不遠，即登頂南勢角山。南勢角山，又稱「烘爐地山」，是台灣小百岳之一，山頂設有一座忘憂亭，居高遠眺，大台北盆地的風景、淡水河蜿蜒流水，都盡入眼簾。

續行轉為下坡路，來到「新樂園」，有早覺會搭建的屋寮及休閒設施，是途中休息據點。過此之後，山路循著山稜而行，泥土山徑，路況良好，起伏不大；途中有岔路分別通往紫竹寺及聖道院，經過「清境農場」的小園圃之後，接著抵達「石龍洞」，是一座搭建在巨石岩壁下的小廟。附近稜線多嶙峋岩石，有一小段山徑須拉繩而上，循稜而行，抵達「青春嶺」，這裡也設有早覺會的屋寮及花圃。續行轉為下坡路，抵達一處小草地。續往下行即抵達彩蝶社區。彩蝶社區為私有土地，禁止遊客進入。建議以青春嶺做為折返點較為適宜。

● 青春步道位於南山福德宮的後山

● 步道途中較陡峭的一段（石龍洞附近）

步道路況

（路況跡清楚，以泥土山徑為主）

往興南路二段　烘爐地

竟南宮

興南路二段399巷

南山福德宮　　　　P

忘憂亭　　　　烘爐地步道

往紫竹寺　　　　　　往柴埕尖

烘爐地青春步道　南勢角山
（烘爐地山）
新樂園

青春嶺　　　清境農場

石龍洞

彩蝶別墅社區

路程時間	烘爐地停車場→10分鐘→南山福德宮→25分鐘→南勢角山（烘爐地山）→30分鐘→青春嶺→10分鐘→彩蝶社區

交通資訊	【自行開車】地圖衛星導航輸入「烘爐地停車場」，即可導航至南山福德宮停車場。 【大眾運輸】搭乘F512（副線假日）至烘爐地站（南山福德宮）。或搭乘249、670、895至烘爐地站，沿興南路二段399巷步行約30分鐘至南山福德宮。或從捷運南勢角站搭乘捷運接駁公車至烘爐地（假日行駛）。

附近景點	柴埕街60巷登山步道、國旗嶺步道、圓通寺。

旅行建議	南山福德宮另有一條烘爐地步道走往柴埕尖，山徑平緩，可以順遊。建議步行至平緩路段結束，再原路折返。

● 南勢角山忘憂亭及觀景平台

48 / 銀河洞瀑布
岩窟、瀑布、古寺

/ 銀河洞百年岩窟古寺
熱門景點銀河洞瀑布

銀河洞位於新店近郊山區，1912年，岩洞被人發現，在洞窟建廟，距今歷史超過百年。洞窟前有瀑布從崖奔流而下，狀似銀河，因而稱為「銀河洞」。近年來成為新店近郊熱門景點之一，吸引許多遊客造訪。

　　從北宜公路14.7公里的髮夾彎轉入銀河路；續行約1.2公里，抵達「德高嶺銀河仙境福德祠」，廟內供奉一尊古老的石砌小土地公。

　　站在福德祠前，就可以遠遠隱約望見銀河洞的崖壁及瀑布身影。從福德祠步行銀河路80多公尺，即抵達銀河洞步道入口。銀河洞步道長約200多公尺而已，屬於銀河洞越嶺步道的一段。步道沿溪行，石階步道一路上行，約15分鐘，抵達銀河洞，即可看見銀河洞瀑布自崖上奔灑而下。銀河洞瀑布平時水量不多，只有大雨過後，才會出現較壯觀的瀑布。

　　瀑布旁的崖壁洞窟寺廟，主祀孚佑帝君呂洞賓，廟內有洞窟甬道通往銀河洞瀑布旁的岩壁坳處，可以近距離欣賞瀑布飛灑的情景。從銀河洞續行，可以越嶺至貓空，大約半小時，抵達越嶺的樟湖步道十字路口，取左行，沿著稜線步道續行約20分鐘，登頂待老坑山；取右行則通往貓空纜車站。

● 德高嶺銀河仙境福德祠

● 銀河洞越嶺步道

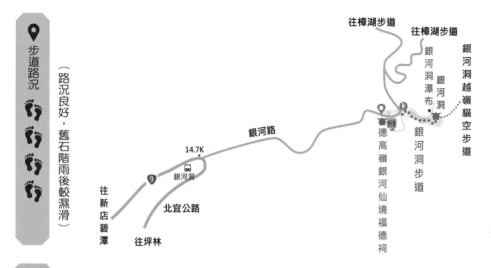

步道路況

（路況良好，舊石階雨後較濕滑）

往樟湖步道　　往樟湖步道

銀河洞越嶺貓空步道

銀河洞瀑布　銀河洞

銀河洞步道

德高嶺銀河仙境福德祠

銀河路

14.7K

銀河洞

北宜公路

往新店碧潭

往坪林

路程時間	德高嶺銀河仙境福德祠→3分鐘→步道入口→15分鐘→銀河洞

交通資訊	【自行開車】地圖衛星導航輸入「新店銀河福德祠」，即可抵達銀河路「德高嶺銀河仙境福德祠」，附近路旁可以停車。導航請勿輸入「德高嶺福德宮」，否則會導航至附近山上另外一間德高嶺福德宮。
	【大眾運輸】從新店捷運站搭乘綠12公車至銀河洞站，步行銀河路約1.2公里（約25分鐘）至銀河洞步道入口。

附近景點	樟湖步道、待老坑山、碧潭風景區。

旅行建議	體力佳者，可繼續步行銀河洞越嶺步道往貓空。

● 銀河洞瀑布

49 / 碧潭藍色水岸
碧潭、吊橋、水岸風光、渡船頭

碧潭湖畔藍色水岸步道
體驗全台唯一人力擺渡

碧潭藍色水岸位於碧潭左岸，步道入口就在碧潭吊橋左岸的吊橋頭旁，這條步道沿著和美山的碧潭水岸及山腰，通往碧潭南岸的灣潭，途中也有親山步道可以登往和美山。

從碧潭吊橋頭出發，石階步道穿過一條隱密的通道之後，便豁然開朗，來到「迎賓平台」。步道就此一分為二，一為「藍色水岸步道」，一為「綠色親山步道」。兩條步道以欄杆顏色區分，一藍一綠，做為識別標誌。還有步道支線可以彼此串聯，形成大小環狀路線。

從迎賓平台進入藍色水岸步道，沿途可以欣賞碧潭湖色。約7、8分鐘，抵達太白樓。這棟別墅立於碧潭湖岸，坐擁湖光山色。過太白樓之後，步道脫離湖岸，變為迂迴高繞。遇岔路時，仍選漆有藍色欄杆的路線，步道後段與綠色親山步道會合，進入林間棧道，途中有一展望點，可遠眺碧潭全景。循著棧道下行，經過有「灣潭小九份」的礦工寮，抵達灣潭渡船頭。這裡有全台唯一的新店溪人工渡船，往來碧潭兩岸的新店渡口與灣潭渡口。

搭渡船抵達新店渡口後，繼續步行碧潭右岸的河濱步道。碧潭右岸有一整排的景觀餐廳，遊客可以在此一邊享受美食，一邊眺覽碧潭美景。

● 碧潭藍色水岸步道

● 碧潭人力擺渡

◉ 步道路況 👣 👣 👣 👣 👣
（路況良好，老少咸宜）

路程時間
碧潭吊橋左岸步道入口→10分鐘→
太白樓→50分鐘→渡船頭→3分鐘→
新店渡口→20分鐘→碧潭吊橋

交通資訊
【自行開車】
地圖衛星導航輸入「新店渡渡口」
或「碧潭渡船頭停車場」，即可導
航至新店渡渡口公共收費停車場。
【大眾運輸】
搭捷運至新店站，步行新店街約200
公尺至碧潭吊橋。或搭乘任何可抵
達捷運新店站的公車。

附近景點
碧潭風景區、和美山、小獅山。

旅行建議
體力佳者，可順登和美山。

● 碧潭吊橋

● 從林間棧道眺覽碧潭

50 / 內洞國家森林遊樂區
羅好水壩、內洞瀑布、森林浴

享受芬多精
怡人森林浴

內洞國家森林遊樂區位於烏來的娃娃谷南勢溪、內洞溪匯流處。由於山谷常有台北樹蛙聚集鳴叫求偶，「哇！哇！」聲鳴不絕於耳，因此稱為「蛙蛙谷」，後來演變為「娃娃谷」。

內洞森林遊樂區共有三條步道，包括「觀瀑步道」、「森林浴步道」、「賞景步道」，其中的觀瀑步道是園區主要步道，現在已規劃為無障礙步道，娃娃車及輪椅都可以輕鬆推著上路。觀瀑步道沿著南勢溪岸而行，途中會經過烏紗溪瀑布及羅好水壩。

觀瀑步道長約1公里，步道終點的內洞瀑布是主要的賞瀑遊憩區。瀑布分上中下三層，以上層及中層較為壯觀，溪谷設有觀瀑橋及觀瀑平台，讓遊客眺覽瀑布美景。造訪最上層的內洞瀑布，則須上爬小一段石階，才能抵達賞瀑平台。

森林浴步道從瀑布區爬向內洞林道，長約2.2公里，呈之字形陡坡上爬，較費體力，沿途為柳杉林及闊葉林區，可以享受芬多精森林浴，途中有一條賞鳥步道，可以繞回園區入口附近。森林浴步道、賞鳥步道以山徑為主，路況較為原始自然，適合登山健行。一般遊客建議以觀賞瀑步道原路來回較為適宜。

● 觀瀑步道是無障礙步道

● 羅好水壩

📍步道路況 👣 👣 👣 👣 👣

（觀瀑步道路況良好，老少咸宜）

路程時間
園區入口→25分鐘→樂水橋→10分鐘→觀瀑平台→50分鐘→森林浴步道終點

交通資訊

【自行開車】
地圖衛星導航輸入「內洞國家森林遊樂區」，即可抵達目的地。園區售票口前設有計次收費停車場。

【大眾運輸】
無。建議搭公車849至烏來總站，再轉乘計程車至內洞國家森林遊樂區。

附近景點
福山部落、馬岸古圳步道、烏來瀑布。

旅行建議
可順遊信賢步道。

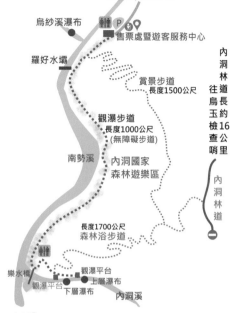

往烏來/信賢步道
烏紗溪瀑布
P
售票處暨遊客服務中心
羅好水壩
賞景步道 長度1500公尺
觀瀑步道 長度1000公尺（無障礙步道）
南勢溪
內洞國家森林遊樂區
內洞林道往烏玉檢查哨 長約16公里
內洞林道
長度1700公尺 森林浴步道
樂水橋
觀瀑平台 上層瀑布
觀瀑平台 下層瀑布
內洞溪

● 內洞國家森林遊樂區入口停車場

● 內洞瀑布（上層）

51 / 馬岸古圳步道
古水圳、大羅蘭溪、溪瀧步道

/ 泰雅馬岸部落悠遊古圳
觀魚賞蝶體驗馬岸風情

馬岸古圳步道位於烏來福山部落，全線大多為平緩的水圳路，又有大羅蘭溪的溪流美景與泰雅族的部落風情，現在成為福山部落觀光的新亮點。

步道入口位於福山部落馬岸泰雅廣場馬家堡休閒餐廳旁。步道沿著南勢溪的支流大羅蘭溪的溪岸而行。步道沿途種有櫻花、青楓等樹種，不同季節來訪，溪岸有不同的景色。經過兩座小木橋之後，爬一小段陡上的石階路，抵達山腰的岔路口，即可看到馬岸古圳。古圳從大羅蘭溪上游引水，沿著山腰繞經此處，續往下游的李茂岸部落（福山舊稱）。這裡的岩壁開鑿了一座引水隧道。隧道旁有岔路，沿著水圳通往信福路。繼續沿著馬岸古圳步道前行，這段水圳路沿著山腰等高線而行，平緩好走，是馬岸古圳步道最為怡人的一段。抵達觀景平台，可以眺覽大羅蘭溪的美麗溪流風景。

過此之後，接一小段產業道路，經過小木橋，抵達蝴蝶公園觀景平台。續沿著河岸的石板步道續行不遠，有一座景觀橋越過溪流，銜接對岸的溪瀧步道。溪瀧步道是近年來新建的步道，沿著大羅蘭溪的左岸，與馬岸古圳平行，沿溪行，經過「何方神聖慢活營」，接產業道路，沿著馬路走出去，即返回馬岸古圳步道入口的大羅蘭廣場，剛好是一圈環狀路線。

● 馬岸古圳步道

● 步道終點一景觀橋

●馬岸古圳引水隧道

步道路況

（路況良好，溪瀧步道為泥土山徑）

[地圖標示]

往烏來　往哈盆越嶺古道

福山派出所●

福山國小

南勢溪

北107

水圳隧道　信福路步道入口

信福路　馬岸古圳步道　馬家堡　大羅蘭廣場

景觀橋　蝴蝶公園　　　　　　　　　　大羅蘭橋

小橋　　　　　　　　　　　　　　　水泥橋　福巴越嶺古道

觀景平台　　　何方神聖　瀑布　觀景平台

溪瀧步道　　　慢活營　　　　　　　　大羅蘭溪

路程時間	大羅蘭廣場→40分鐘→步道終點景觀橋→50分鐘（溪瀧步道）→大羅蘭廣場，全長約3公里。
交通資訊	【自行開車】地圖衛星導航輸入「新北市烏來區古圳步道」或「馬家堡」，即可導航至大羅蘭廣場，附近路旁空地可以停車。 【大眾運輸】無。從捷運新店站搭乘新店客運849路至烏來站，再搭乘計程車至福山部落大羅蘭廣場（約20公里）。
附近景點	信賢步道、福山部落、烏來風景區。
旅行建議	亦可開車至信福路馬岸古圳支線步道入口（參考地圖），由此進入，步道較為平緩，適合老人及兒童，可步行至蝴蝶公園再原路折返。

●溪瀧步道

52 / 信賢步道
賞鳥、踏青、健行、昇龍瀑布

公路舊道蛻變成步道
舒適怡人的健行路線

信賢步道原是昔日烏來往福山的舊公路，後來因為信賢吊橋老舊及公路拓寬的需求，於是另建新公路。原有經過信賢吊橋的舊公路路段禁止汽車通行，而成了一條踏青健行賞鳥的路線。

信賢步道的入口就在信賢吊橋，吊橋長約30公尺，過橋後，即進入信賢步道。由於步道原為舊公路，因此寬闊平緩好走。早期鋪設的柏油路，隨著時間已漸漸消失，變成為碎石子土路，沿途景觀愈為原始自然。步道沿著南勢溪的溪岸而行，旁側是山坡或陡峭的山壁，沿途有不少溪溝，大雨過後，形成大小瀑布，其中以「昇龍瀑布」最為壯觀，瀑布下方的溪谷也成為遊客觀瀑的休憩地點。

漫步悠遊，大約步行30分鐘，抵達信賢步道另一端的入口。這裡設有停車場，若是自備交通工具，亦可選擇停車在這裡，由此進入信賢步道。繼續前行，就進入信賢部落。途中經過「信賢種籽親子實小」，是昔日的信賢國小。續行約400公尺，抵達內洞國家森林遊樂區。可以繼續前往內洞國家森林遊樂區，或者循原路折返，走回信賢吊橋。

信賢步道不長，全線平緩好走，是一條適合帶著幼童健行的郊遊路線。

● 昇龍瀑布

● 信賢步道終點

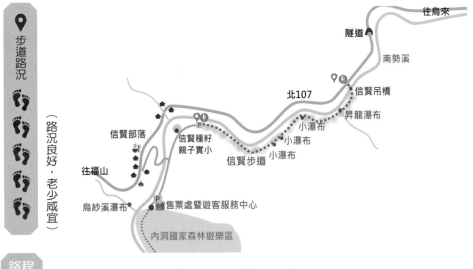

步道路況

（路況良好，老少咸宜）

路程時間　信賢步道長約1.4公里，單程步行時間約30分鐘。

交通資訊
【自行開車】地圖衛星導航輸入「新北市烏來區信賢吊橋」，即可導航至信賢吊橋（約位於北107的3.5公里處），停車於路旁空地。

【大眾運輸】從捷運新店站搭乘新店客運849路至烏來站，步行至烏來台車站，搭乘台車至瀑布站，繼續步行1.7公里（約30～40分鐘）至信賢吊橋。或從烏來公車站直接搭計程車至信賢吊橋。

附近景點　內洞國家森林遊樂區、烏來瀑布、雲仙樂園。

旅行建議　順遊內洞國家森林遊樂區、烏來風景區。

●信賢步道

53 / 坪林觀魚步道
觀魚、賞鳥、騎自行車

坪林低碳旅遊觀魚
溪流美景茶園風光

坪林位於北勢溪中游，以山水明媚著稱，近年來發展低碳旅遊，闢建多條自行車道及休閒步道，其中以北勢溪觀魚步道最容易親近，就在老街附近，是一條老少咸宜的步道。

從坪林親水吊橋進入觀魚步道，過橋之後，沿著北勢溪的河岸而行，走往下游方向，溪流有魚兒悠游，也時有水鳥覓食。觀魚步道平緩寬闊，是一條人行步道，也是自行車道。

抵達北勢溪支流的鰱魚堀溪，有一座景觀橋，跨越鰱魚堀溪。橋中央設有透明觀景平台，站在橋上眺覽風景，遠山近水，茶園風光，盡入眼簾。過橋後，仍沿著溪岸而行，抵達鰱魚堀福德宮。廟旁有自行車道通往渡南橋，由此步行至渡南橋約1公里，溪岸有新架設的高架棧道及茶葉造型的觀景台，步行約20多分鐘，抵達渡南橋，附近有仁里坂聚落。仁里坂，來自「鯪魚坂」的台語音譯，「鯪魚」是穿山甲的閩南話。

回到親水吊橋，北勢溪上游方向也有觀魚步道，途中經過舊坪林橋，抵達坪林茶業博物館。博物館前的坪林拱橋，橋旁的溪岸樹叢，是白鷺鷥及夜鷺棲息地，每到傍晚，鷺鷥成群棲停樹叢，吸引許多遊客在此近距離賞鳥，也為坪林的夜色更添佳色。

●坪林觀魚步道

●坪林拱橋旁的鷺鷥棲息地

北宜公路

往水柳腳步道

坪林旅遊服務中心

往坪林交流道

北42往雙溪

106乙往石碇

觀音台

保坪宮

坪林國小

坪林國中

拱橋

旭橋

坪林茶業博物館

9

景觀橋

茶園

觀魚步道

開水吊橋

坪林橋

自行車道

北勢溪

渡南橋

仁里坂

茶園

福德宮

往金瓜寮

仁里坂橋

金瓜寮溪

往金瓜寮

鰱魚堀溪自行車道

鰱魚堀溪

北宜公路

9

往宜蘭

路程時間	坪林親水吊橋→20分鐘→鰱魚堀溪景觀橋→10分鐘→福德宮→25分鐘→渡南橋
交通資訊	【自行開車】地圖衛星導航輸入「坪林旅遊服務中心」，即可導航至目的地。親水吊橋入口就在坪林茶鄉牌樓旁（坪林旅遊服務中心斜對面）。 【大眾運輸】從捷運新店站搭公車923、綠12、9028D至坪林站，可以從坪林舊橋或親水吊橋進入觀魚步道。
附近景點	坪林老街、觀音台步道、鰱魚堀溪自行車道、坪林茶業博物館。
旅行建議	順遊坪林茶業博物館及坪林老街。

● 鰱魚堀漁景觀橋

54 / 金瓜寮魚蕨步道
賞蕨、觀魚、瀑布、溪谷

溪谷美景處處驚艷
觀魚賞蕨戲水悠活

金瓜寮溪為北勢溪的支流之一，經過多年封溪，護魚有成，溪流隨處可見魚群悠游的景象。金瓜寮溪魚蕨步道沿著金瓜寮溪岸，以溪流景觀及蕨類生態著稱，景色優美，是一條適合闔家出遊的踏青路線。

金瓜寮魚蕨步道分為二段，第一段的入口位於金瓜寮產業道路約5.5公里處，長1065公尺，抵達步道終點，再走200公尺金瓜寮產業道路，即可銜接第二段步道。現在已興建了一條延伸步道及拱橋越過溪谷，爬上小丘陵，再由棧道階梯下行，抵達金瓜寮產業道路，銜接第二段魚蕨步道。

第二段金瓜寮魚蕨步道長約1074公尺，溪谷風景，更為明媚。沿途隨處可見清涼碧潭，溪岸也有類似狗齒狀的崎嶇岩塊。途中的溪谷出現一處深潭，有一棵樹木橫生跨越深潭至對岸，成為獼猴過河的橋梁，稱為「猴樹」。水潭上游有一座斜瀑，稱為「斷層瀑布」。繼續前進，經過一小段竹林路，抵達「月牙灣」，有沙岸空地，是戲水佳處。步道後段出現高聳杉林，有蕨類附生樹上，稱為「蕨類公寓」。這一段杉林路沿途有小徑可通往溪岸，這個河段水流平緩，溪岸有較開闊的空地，也有步道通往上方的馬路。許多遊客直接開車至此，步行約2、3分鐘，即可輕鬆親近金瓜寮溪。續行不遠，即抵達步道終點。

● 拱橋通往延伸步道

● 金瓜寮溪斷層瀑布

步道路況

（路況良好，部分泥土山徑）

路程時間

魚蕨步道第一段入口（北口）→50分鐘→魚蕨步道第二段入口→30分鐘→魚蕨步道出口（南口），步道全長（含銜接步道）約2.2公里

交通資訊

【自行開車】

地圖衛星導航輸入「金瓜寮觀魚步道北側出入口」，即可導航至步道入口（約位於金瓜寮產業道路5.5公里）。

【大眾運輸】

從坪林區公所搭乘F722、F723至魚蕨步道站（公車站位置大約是第二段步道的入口附近）。

附近景點

金瓜寮茶香生態園區、坪林老街、茶業博物館。

旅行建議

金瓜寮魚蕨步道第一段與第二段之間的延伸步道有較多爬坡路段，而且繞得較遠。若有老幼同行，建議勿走延伸步道，可以步行金瓜寮產業道路前往第二段魚蕨步道。

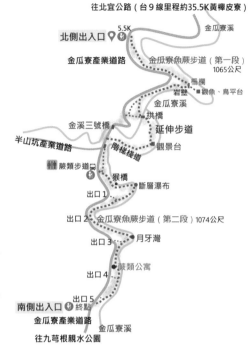

往北宜公路（台9線里程約35.5K黃櫸皮寮）

金瓜寮溪

5.5K

北側出入口

金瓜寮產業道路

金瓜寮魚蕨步道（第一段）1065公尺

柵欄

岩壁　觀魚、鳥平台

金瓜寮溪

金溪三號橋

拱橋

延伸步道

半山坑產業道路

階梯棧道

觀景台

蕨類步道

猴橋

斷層瀑布

出口1

出口2　金瓜寮魚蕨步道（第二段）1074公尺

出口3　月牙灣

蕨類公寓

出口4

出口5

南側出入口　終點

金瓜寮產業道路　金瓜寮溪

往九芎根親水公園

● 金瓜寮魚蕨步道

55 / 鰱魚堀溪上游步道
溪流、自行車道、茶園風光

秀麗溪谷好風景
騎車健行兩相宜

坪林鰱魚堀溪是北勢溪的支流之一，鰱魚，就是鯉魚的意思，閩南人稱鯉魚為「呆仔魚」，先民入墾此地，看見溪流水潭鯉魚成聚棲息，因此稱此地為「呆魚堀」。

鰱魚堀溪的溪岸建有一條自行車道，從下游通往上游的清雲橋，自行車道沿溪行，上游的風景更勝下游，也是一條適合健行的踏青路線。由於交通不便利，較少遊客造訪，因此風景更為幽雅怡人。

造訪鰱魚堀溪上游的自行車道，可以從「大林橋」旁的自行車道進入，亦可直接前往更上游的自行車道入口。步道沿途經過鸞子瀨橋、峇里島晴天、大溪地露營地、多孔橋，抵達石磻橋，一路青山綠水美景相伴。過石磻橋，附近磻聚落的保安宮旁有「厝邊老廊」百年石頭厝，展示地方文史資料。往清雲橋的步道仍是沿溪而行，風景愈秀麗。清雲橋為自行車道及步道終點，橋的上游河岸有淺灘，是戲水休憩佳處。

從清雲橋而上的溪岸路段，已變成產業道路，不過這個路段少有車輛，也適合踏青健行。沿途有小徑可通往溪岸，都有戲水或休憩地點，可以一路健行至平堵橋，然後再原路折返。

● 石磻橋

● 石磻橋往清雲橋途中的溪流美景

步道路況 👣 👣 👣 👣 👣

（路況良好，老少咸宜）

路程時間
步道入口（鶯子瀨橋附近）→30分鐘→峇里島晴天→25分鐘→石磌橋→30分鐘→清雲橋→30分鐘→平堵橋

交通資訊
【自行開車】
地圖衛星導航輸入「新北市坪林區大林橋」，過大林橋，立即左轉橋旁的產業道路，前行約2.6公里，即抵達自行車道入口（步道入口）。

【大眾運輸】
從坪林國中搭乘F723石磌線至鶯子瀨站，步行至「峇里島晴天」餐廳，進入步道。

附近景點
坪林觀魚步道、坪林老街。

旅行建議
從坪林租自行車遊覽鰊魚堀自行車道。坪林東木河茶莊（北宜路八段206號）有提供自行車出租服務。

● 鶯子瀨附近的溪流風光

56 / 下坑子口溪步道

溪流、賞鳥、茶園風光

北勢溪山水風光旖旎
踏青賞鳥賞魚樂逍遙

下坑子口溪人行步道全長約2.3公里，起點位於坪林的下坑子口，沿著下坑子口溪及北勢溪的溪岸而行，沿途有優美的溪流風光及茶園景色。

這條步道也是自行車道，步道入口處立有「北勢溪自行車道」的標誌，自行車道沿著下坑子口溪的溪岸而行，沿途立有導覽解說牌，介紹此地常見的鳥類及魚類。走至下坑子口溪匯入北勢溪之處，步道轉而以高架的棧道，沿著北勢溪的溪岸往上游而去，這裡有一座美麗的藍色吊橋跨越溪澗，其旁有一整片的茶園。

過吊橋之後，高架棧道緊鄰北勢溪，溪澄水碧，魚兒悠游，山青林翠，映入眼簾，而淙淙水聲迴響於耳際，令人陶然。途中經過私人經營的「林園」營地，然後又有一段溪岸高架棧道，沿溪而行。不久步道偏離溪岸，穿過一處山坡茶園之後，出現大片平坦的茶園。過茶園後，步道又與北勢溪相遇，仍是高架棧道沿溪行，但見北勢溪從遠處山間迂迴流來，流水潺潺，山色怡人，宛如一幅青山綠水圖景。抵達「茶香地」營地之前，有一座水泥攔砂壩橫臥溪谷，形成一排小瀑布。茶香地營地是步道及自行車道的終點，設有一座觀景平台，提供遊客眺覽北勢溪風光。從下坑子口走到茶香地營地，平緩好走，山明水秀，是一條適合親子出遊的健行或散步路線。

● 步道途中的藍色吊橋

● 步道終點的觀景平台

步道路況

（路況良好，老少咸宜）

地圖標示

下坑子口溪
北42（坪雙公路）
往雙溪
茶香地休閒中心
觀景平台
攔砂壩
下坑子口
坪林行控中心
1K
P
茶園
茶園
北勢溪
下坑子口溪步道
吊橋
往石碇
茶園
北42
合歡營地
林園營地
茶園
水德產業道路
茶園
茶園
106乙
國中路
北勢溪
坪林國中
雪山隧道
往湖桶古道
往坪林老街
坪林站
往北宜公路

路程時間	下坑子口溪步道入口→15分鐘→林園營地→20分鐘→茶香地園區

交通資訊	【自行開車】地圖衛星導航輸入「坪林行控中心」，續行即可抵達北42的1公里處，北42旁邊橋下設有免費停車場，步道入口就在停車場對面。 【大眾運輸】由捷運新店站搭公車923、綠12、9028D至坪林站，再步行北42至1K處（高速公路橋墩旁）。

附近景點	坪林老街、坪林觀魚步道、鰷魚堀自行車道、觀音台步道、坪林茶業博物館。

旅行建議	順遊坪林老街及坪林觀魚步道。

●北勢溪溪岸的高架棧道

57 / 大舌湖步道
北勢溪曲流、吊橋、溪谷

北勢溪上游曲流美景
大舌湖水岸美景怡人

大舌湖，舊名「蛇舌湖」，北勢溪流經此地，曲流地形特別顯著，溪流彎曲，宛如大蛇吐信，因而得名，後來改名為「大舌湖」，屬於漁光里。

從大舌湖漁光派出所出發，建議先參觀派出所後方一座日治時代的石板橋遺跡。然後沿著道路下行，沿途有大舌湖步道標誌，寫著「往虎寮潭」。步行至北勢溪的溪岸，就看見北勢溪流經此地產生的大曲流，宛如蛇形，這是「蛇舌」地名的由來。

前行約1公里，抵達產業道路盡頭，變為步道，即是大舌湖步道的入口。步道沿途種植山櫻花等各種樹木，附近青山綠鬱，溪水碧翠，遠離塵囂，環境幽雅。步道緩緩下坡，走來輕鬆自在。下行約20分鐘，抵達「粗石斛吊橋」。北勢溪從大舌湖流至此地，又形成一個大彎。粗石斛吊橋是大舌湖步道的終點。吊橋旁有小徑可以通往溪谷。建議在此欣賞風景後，原路折返。

過吊橋後，有產業道路通往虎寮潭，步行約1公里，抵達虎寮潭。虎寮潭位於粗石斛的下游處，溪谷巨石經過長期河水侵蝕，而形成不規則宛如狗齒般的形狀，是著名的「狗齒地形」，若時間及體力許可，亦可前往一遊。

● 大舌湖地形

● 粗石斛吊橋

路程時間	漁光派出所→30分鐘→大舌湖步道入口→20分鐘→粗石斛吊橋→25分鐘→虎寮潭吊橋
交通資訊	【自行開車】地圖衛星導航輸入「漁光派出所」，可停車於漁光派出所鄰旁的永和宮廟旁小廣場，或續行至大舌湖步道路邊空地停車。 【大眾運輸】無直達巴士。從坪林國中搭乘F721社區巴士（免費）至漁光國小站。步行北42公路約2公里至漁光派出所，再走往大舌湖步道。
附近景點	虎寮潭吊橋、坪林南山寺（仙公廟）。
旅行建議	可順遊坪林老街及北42公路（坪雙公路）沿途北勢溪景點。

● 北勢溪優美風光

58 / 滿月圓森林步道
森林浴、溪流、瀑布、楓紅

夏日避暑最佳森林浴
深秋賞楓熱門的景點

滿月圓國家森林遊樂區位於三峽大豹溪上游，因山頭渾圓似滿月而得名，以瀑布、溪流、森林動植物豐富生態而聞名。滿月圓的夏日是避暑聖地，秋冬則以賞楓知名。

大豹溪上游的蚋仔溪是園區內最主要的河川，溪流豐沛，水質清澈，由於尚屬於幼年期溪流，侵蝕力及搬運力強，造成區域內多陡峭溪谷，形成瀑布、峽谷、河階等特殊地形，瀑布則以「滿月圓瀑布」及「處女瀑布」最為著名。

從滿月圓入口收費管理站起的1.5公里健行步道是無障礙步道，輪椅、娃娃車都可以輕鬆上路。途中的遊客中心設有生態展覽館，步道終點的森林小舖則提供簡易餐飲服務。過了森林小舖之後，變為石階步道，途中有岔路通往處女瀑布。處女瀑布設有雙層觀瀑亭，遊客可以近距離觀賞這座簾幕式瀑布。

主步道則是通往滿月圓瀑布。滿月圓瀑布是園區最大的瀑布，氣勢壯觀。更上游處，還有銀簾瀑布、小妮瀑布，步道終點的觀景平台，周遭瀑水淙聲不絕於耳。除了沿著蚋仔溪溪岸的主步道之外，滿月圓還有一條自導式的森林步道，繞山腰的造林區，長約1.2公里，高聳的柳杉林是森林浴場的主角。回程不妨造訪這條森林步道，享受滿月圓的森林浴。

● 滿月小橋

● 處女瀑布

步道路況 🦶🦶🦶🦶🦶

（路況良好，老少咸宜）

路程 時間

售票亭→35分鐘→森林小舖→10分鐘→處女瀑布步道入口→25分鐘→處女瀑布→25分鐘→觀瀑亭→15分鐘→步道終點

交通 資訊

【自行開車】
地圖衛星導航輸入「滿月圓國家森林遊樂區」，即可抵達目的地。
【大眾運輸】
搭乘公車807 (三峽國小) 至滿月圓停車場站，再步行至滿月圓國家森林遊樂區入口。

附近 景點

大板根森林溫泉渡假村、東眼瀑布、大豹溪。

旅行 建議

四季皆宜。深秋賞楓，最為有名。

115
滿月圓停車場　🅿 第一停車場
蚋仔溪
🅿 第二停車場
🅿 第三停車場
售票亭
無障礙步道
遊客中心
自導式步道
森林小舖
滿足小橋
東滿步道　觀瀑亭　滿月小橋　處女瀑布
滿月圓瀑布
銀簾瀑布
小妮瀑布

● 滿月圓瀑布

59 / 雲森瀑布
瀑布、賞楓、心靈谷

/ 雲森瀑布裡賞瀑賞楓
心靈谷坐看行雲流水

雲森瀑布位於三峽熊空地區中坑溪的上游，是「雲心」、「森山」兩座瀑布的合稱，幽隱山中，後來因為某位偶像歌手在這裡拍攝茶飲料廣告，而變得知名，現在已是一條大眾化的登山路線了。

雲森瀑布的入口位於中坑產業道路（北農峽017道路）約1.5公里處。泥土山徑，起伏不大，沿途杉林幽雅。抵達雲心瀑布之前，須跨越溪流，設有簡易木橋及繩索提供輔助。過溪之後，即抵達雲心瀑布。雲心瀑布高十餘公尺，分上下兩層，瀑水奔騰而下，瀑水颯颯迎面吹來。溪谷附近多青楓，秋天時，一片楓紅。續行的山徑通往更上游處的森山瀑布。森山瀑布規模較小，不如雲心瀑布。更上游還有一處雲森祕境，溪谷有大塊的石磐及一座「藝音瀑布」。不過附近山徑較多岔路，一般遊客建議以雲心、森山瀑布為折返點，勿貿然深入上游山區。

從雲森瀑布步道入口，沿著產業道路下行幾十公尺，旁側有一條岔路，入口空地是停車場，沿著這條土石路下行，抵達岔路口，直行的農路通往柑橘園。右側有小徑通往附近的「心靈谷」。心靈谷是中坑溪河床一塊寬20公尺、長20公尺的巨大石磐，形成天然滑水道。石磐盡頭地層陡落，形成瀑布，就是「姊妹瀑布」。心靈谷宛如世外桃源，在此悠遊，逍遙自在，戲水則須特別注意安全。

● 左側往步道入口，右岔路為停車空地

● 簡易木橋跨越溪谷

步道路況

（路跡清楚，往雲森祕境注意路況）

```
東峰橋
北114                                北114
北114        熊空候車亭
        樂谷橋
                停車場 P        中坑產業道路
北115
              中坑溪
        蚋仔溪                          小橋
                    姊妹瀑布
                    (心靈谷)      果園
        往滿月圓
        國家森林遊樂區
```

```
森山瀑布
藝音瀑布
雲森祕境
                阿花瀑布
                        溪谷
```

```
                    溪谷
            雲心瀑布  木橋
            森山瀑布
                往雲森祕境
```

路程時間	步道入口→40分鐘→雲心瀑布→10分鐘→森山瀑布→6分鐘→雲森祕境→10分鐘→阿花瀑布→30分鐘→雲心瀑布→40分鐘→步道入口
交通資訊	【自行開車】地圖衛星導航輸入「雲森瀑布」，即可導航至雲森瀑布步道入口。步道入口前有右岔路空地可以停車。三峽中坑產業道路狹窄不易會車，請避免假日開車前往。 【大眾運輸】從三峽搭乘公車807至熊空候車亭站，步行約30～40分鐘至步道入口（公車站附近民宅旁有捷徑通往中坑產業道路）。
附近景點	滿月圓國家森林遊樂區、心靈谷。
旅行建議	順遊心靈谷、姊妹瀑布。

● 雲心瀑布

60 / 鳶山彩色岩壁
鳶山堰、永安宮、賞桐、奇岩

/ 造訪鳶山彩色大岩壁
森林小徑眺覽鳶山堰

福德坑山登山步道是三峽賞桐路線之一，近年來以「鳶山彩色岩壁」著稱，吸引不少遊客慕名前來。

造訪著名的鳶山彩色岩壁，建議從永安宮步道上山。永安宮步道是以砂岩石塊鋪成的石階路，爬向位於山腰的永安宮。永安宮設有休憩亭寮，並提供茶水服務遊客，是登山途中的休憩站。

從永安宮出發，有左右兩條山徑通往福德坑山，應選擇右側較迂迴的主線步道上行，續行約20分鐘就會看見步道旁矗起的巨岩峭壁，岩壁出現自然彩繪，這是著名的「鳶山彩色岩壁」。續行的山徑起伏不大，約半個小時，就可以登頂福德坑山。福德坑山，也稱「鳶山」，海拔321公尺，入選為台灣小百岳，不過福德坑山的知名度不如位於「鳶山大鐘」附近另外一座同名的鳶山。

從福德坑山續行約1分鐘，抵達福德嶺。這裡有較大的腹地，設有休憩屋寮及涼亭座椅等休憩設施。由此續行往鳶山大鐘約50～60分鐘。建議在福德嶺折返，回程可以從福德坑山山頂旁的登山步道下山，途中有一展望點，是眺覽大漢溪鳶山堰的最佳觀景處。從這條山徑下山，約40分鐘即可抵達茅埔路的登山口。

● 永安宮步道

● 鳶山大鐘

往三峽市區

鳶山堰

鳶山堰抽水站

茅埔路

大漢溪

展望點

福德坑山

往鳶山大鐘

小山神廟

福德嶺
（鳶山）

福德坑山登山步道

往大溪

永安宮

健康快樂亭

永安宮登山步道

山徑

鳶山彩壁

路程時間	永安宮登山口→25分鐘→永安宮→20分鐘→鳶山彩色岩壁→30分鐘→福德坑山→40分鐘→福德坑山登山口→5分鐘→永安宮登山口
交通資訊	【自行開車】地圖衛星導航輸入「鳶山堰永安宮登山步道」，即可導航至三峽茅埔路永安宮登山步道入口。步道入口旁有停車空地。 【大眾運輸】無。
附近景點	鳶山大鐘、三峽老街。
旅行建議	從福德坑山續爬往鳶山大鐘，來回需2小時，請考量自身體力，注意安全。

● 鳶山彩色岩壁

61 / 土城桐花公園
桐花公園、承天禪寺、天上山

土城著名賞桐景點
造訪承天禪寺禮佛

土城桐花公園是台北著名的賞桐景點，鄰近有著名的承天禪寺、天上天等景點。每到油桐花開季節，賞桐的遊客絡繹於途。

造訪桐花公園，若自備交通工具，可以直接開車或騎車至桐花公園的停車場，輕鬆入園賞桐，或者可從「登山口」公車站牌起登，步行承天禪寺朝山步道上山，這條步道又名「廣欽老和尚紀念步道」，步道入口有桐花公園的牌樓。

這條步道鋪設石板路，古樸幽雅，沿途有各種石碑及石柱，步行約20多分鐘，抵達承天禪寺。禪寺建築以綠瓦白牆為主，蕭穆典雅。從禪寺後方的停車場走出來，續接承天路，這裡有左右兩條步道（賞螢步道、清溪步道）爬往桐花公園。桐花公園是天上山主要的賞桐地點，佔地約一公頃，園內設有表演區、看台區、觀景平台、兒童遊戲吊橋及爬網、螢火蟲復育區等。附近山坡遍植油桐花，每到四、五月間，既是賞桐季，也是賞螢季，是最熱鬧的季節。

喜歡登山的朋友，亦可續由桐花公園爬向天上山。天上山，山頂擁有絕佳展望，尤其是桐花季節，盛開的油桐花染綴山頭，宛如雪景，美景令人陶然。

● 土城桐花公園是著名賞桐景點

● 土城桐花公園主舞台

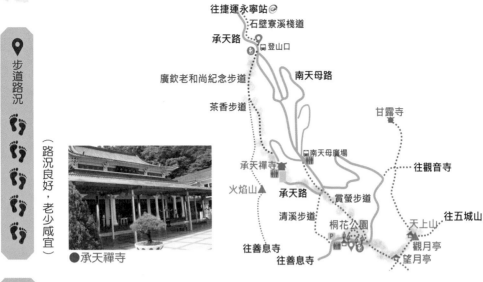

步道路況

👣
👣
👣
👣
👣

（路況良好，老少咸宜）

●承天禪寺

往捷運永寧站
石壁寮溪棧道
承天路　　登山口
廣欽老和尚紀念步道　　南天母路
茶香步道
甘露寺
南天母廣場
承天禪寺　　　往觀音寺
火焰山　承天路　賞螢步道
清溪步道　桐花公園　天上山　往五城山
往善息寺　　　　　　觀月亭
往善息寺　　　　望月亭

路程時間	廣欽老和尚紀念步道入口→25分鐘→承天禪寺→8分鐘→賞桐步道入口→20分鐘→桐花公園→30分鐘→天上山
交通資訊	【自行開車】地圖衛星導航輸入「桐花公園第二停車場」，即可抵達土城桐花公園入口旁的停車場。 【大眾運輸】搭乘捷運板南線至永寧站，轉乘公車藍44、575至登山口站（步行往承天禪寺及桐花公園）或至南天母廣場站（步行往桐花公園）。
附近景點	承天禪寺、天上山。
旅行建議	每年四、五月間舉辦「土城桐花節」為最佳造訪時節，體力佳者可順登天上山。

●土城桐花公園步道

62 / 孫龍步道
鶯歌石、孫臏廟、碧龍宮、牛灶坑山

/ 台車舊路變成健行步道
訪著名鶯歌石踏青賞桐

　　孫龍步道全長約2公里，步道兩端分別是鶯歌著名的廟宇「宏德宮」（孫臏廟）及「碧龍宮」（龜公廟）。鶯歌的地標——鶯歌石，就位於這條步道途中的岔路附近。

　　從宏德宮出發，步道沿途設有涼亭坐椅，林木扶疏，綠意盎然。約行數分鐘，抵達往鶯歌石步道的岔路口，從左岔路紅色地磚鋪成的石階路上行，約4、5分鐘，就抵達鶯歌石。

　　孫龍步道仍取直行，步道平緩好走。經過「承天農林禪寺」之後，步道變成寬敞的柏油路，途中有一座古樸的小隧道，是昔日鶯歌互益煤礦二坑隧道。孫龍步道是昔日的運煤台車舊道，因此步道寬闊平緩，少有起伏。

　　過隧道不久，抵達建德二巷，續往上行，經過一處轉彎處，前方路旁出現一條階梯步道。由此上行，進入第二段步道，開始有較多的爬坡路段。途中有荒廢的礦場殘牆遺跡。抵達最高點的鞍部十字路口，左邊小徑通往牛灶坑山，右側小徑通往附近的觀景台，可以眺覽碧龍宮及附近風景。從鞍部繼續直行，不久就抵達碧龍宮。體力佳者，可從碧龍宮爬往龜公山、牛灶坑山，經鶯歌石，返回宏德宮。這條泥土路山徑質樸原始，繞得較遠，途中有不少岔路，應多注意路況。

● 孫龍步道

● 互益煤礦二坑隧道

步道路況 👣👣👣👣👣

（路況良好，牛灶坑山為泥土山徑）

路程時間

宏德宮→80分鐘→碧龍宮→10分鐘→龜公山→15分鐘→牛灶坑山→30分鐘→鶯歌石步道入口→30分鐘→鶯歌石→20分鐘→宏德宮

交通資訊

【自行開車】
地圖衛星導航輸入「孫臏廟停車場」或「碧龍宮停車場」，皆可抵達孫龍步道（西端或東端入口）。

【大眾運輸】
搭乘台鐵至鶯歌站，步行約600公尺至宏德宮孫龍步道入口。或搭乘北客運702、桃園客運5001至北鶯社區站下車。

附近景點

鶯歌石、牛灶坑山、鶯歌陶瓷老街。

旅行建議

一般遊客建議孫龍步道原路來回，順道遊覽附近鶯歌老街（文化路）、陶瓷老街（尖山埔路）或鶯歌陶瓷博物館（文化路200號）。

●鶯歌石觀景平台

● 孫龍步道鞍部觀景平台

63 / 金瓜石地質公園

本山礦場、地質奇觀、賞芒

金瓜石古老的本山礦場
回想亞洲金都繁華往事

金瓜石地質公園位於金瓜石昔日的本山礦場，是一處露天開採的礦區。本山，就是金瓜山，俗稱「大金瓜」，因為這座山的形狀像南瓜，所以稱為「金瓜山」（閩南語），成為金瓜石地名的由來。

金瓜石地質公園步道是昔日採礦的舊道，寬闊的碎石路，緩緩上坡。步道沿途有昔日礦場相關的歷史人文導覽解說圖文。遠處是茶壺山及半屏山稜線，雄峻壯觀，景色優美。秋冬之際，天氣涼爽，步道沿途芒花盛開，是最佳造訪季節。

本山礦場是金瓜石含金銅量最豐碩的礦體——「本脈礦體」，採礦時期，從山頂至山腳共設有一至九坑。如今各坑或已消失，或已半埋，或已堙滅，本山礦場一坑是被剷平的金瓜山，周遭有矗起裸露的黑色安山岩。由於岩石受到矽化，外表層已呈黏土化，出現綠泥石化的現象。廢棄的礦場，地面擺設石頭，有如棋盤的意象造景，在周遭陡峭裸露的巨岩襯托之下，給人一種奇幻境界的感覺。

金瓜石採金的歷史，從1890年基隆河發現沙金，至1987年金瓜石礦山完全結束營運。百年之間，金瓜石歷經了劇烈的變化，從輝煌的亞洲金都至今日成為無言的山丘。走在金瓜石地質公園，讓人深深感受到這繁華起落的滄桑變化。

● 金瓜石地質公園步道

● 地質公園步道也是秋天賞芒步道

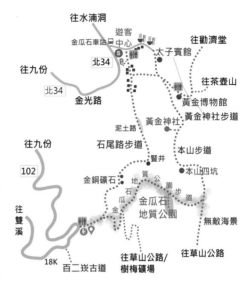

步道路況 👣👣👣👣👣

（路況良好，老少咸宜）

路程時間

市道102號入口→20分鐘→本山礦場遺址→15分鐘→本山步道（往黃金神社約20分鐘），建議原路折返。

交通資訊

【自行開車】

地圖衛星導航輸入「金瓜石地質公園」，導航至市道102號，繼續前行至17.8K大轉彎處的步道入口。

【大眾運輸】

無公車直接抵達。可搭乘公車788、965、1062、F802至金瓜石站，然後從遊客中心旁的石尾路步道步行約40～50分鐘，抵達金瓜石地質公園。

附近景點

九份老街、金瓜石黃金博物園區。

旅行建議

體力佳者可從金瓜石遊客中心出發，連走石尾路步道、金瓜石地質公園步道、本山步道，遊覽黃金博物館，環狀一圈約2.5～3小時。

● 從金瓜石地質公園步道眺望茶壺山

● 金瓜石地質公園本山礦場

64 / 報時山步道
水螺山、山海美景、六坑索道

簡短路線輕鬆看景
六坑索道祕境美景

金瓜石的報時山是一條簡短的步道，只有166公尺，擁有無敵山海美景，步道入口就在金瓜石勸濟堂的停車場旁。

進入步道，一小段石階上行，抵達「朝日亭」，壯麗的茶壺山、半平山呈現眼簾，越往上走，視野更為開闊，步道終點設有一座圓形觀景台，擁有360度環繞視野的山海美景。報時山，又名「水螺山」，因日治時代設有警報器定時鳴放，因而得名。

報時山附近有一條六坑索道，入口的天車間，是昔日運作索道的機械設施，如今僅剩殘牆敗磚，滄桑之美，也吸引許多遊客在此取景拍照。現存的六坑索道長約300多公尺，海拔落差約105公尺，陡度達45度，通往下方的本山六坑。本山六坑礦坑口依舊存在，鄰旁有荒廢的礦場建築及設施，這裡是秋日賞芒的祕境，也是電影《無言的山丘》拍攝地點之一。

遊覽報時山步道，也可順訪附近的金瓜石祈堂老街。這是因採礦而興盛的山城聚落，階梯、巷弄交錯，礦業結束後，老街寂寥。近年來因金瓜石旅遊興盛，祈堂老街已漸有雜貨舖、咖啡廳等店家。穿梭於老街巷弄之間，令人懷想金瓜石過往的黃金歲月。

● 六坑索道

● 祈堂老街

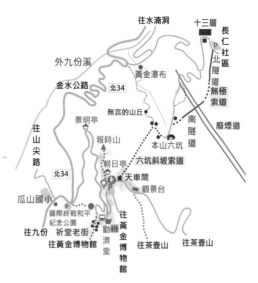

步道路況 👣 👣 👣 👣 👣

（路況良好，老少咸宜）

路程時間

報時山步道步行來回約15分鐘。勸濟堂停車場→18分鐘→本山六坑→10分鐘→《無言的山丘》電影拍攝場景

交通資訊

【自行開車】
地圖衛星導航輸入「勸濟堂停車場」，即可抵達步道入口。勸濟堂停車場為收費停車場。

【大眾運輸】
搭乘公車1062（從捷運忠孝復興站或松山車站）、F802至勸濟堂站。

附近景點

茶壺山、金瓜石黃金博物館園區、水湳洞遊憩區、九份老街。

旅行建議

六坑索道並非正式步道，前往時務必注意安全。六坑索道通往十三層的南、北隧道已封閉，禁止遊客通行，請勿擅自闖入。

● 報時山步道朝日亭

● 報時山步道

65 / 濂洞里步道
水湳洞、十三層、陰陽海

水湳洞眺覽山海美景
濂洞里領略礦山風華

水湳洞聚落位於基隆山北側的山腳下，附近有著名的陰陽海及十三層水湳洞選煉場遺址，近年來已成為一處新興的觀光景點。

濂洞里步道的入口在山腳下的舊台鐵深澳線水湳洞車站原址，現已成為大型停車場，並設有陰陽海觀景台。水湳洞位於九份溪的出海口，由於溪流富含黃鐵礦，因而呈現黃褐色，也造成出海口形成陰陽海的奇景。

從停車場對面的水泥橋進入濂洞里步道，爬向半山腰的水湳洞聚落，步道沿途經過多功能展演平台、旅遊服務中心、山城美館、展望台等遊憩景點，沿著山城的石階步道漫步上行，抵達最上方的濂洞國小。這所小學依山而建，由於校園腹地狹小，學校在前後棟教室的階梯中間設置一座溜滑梯，以供學生遊戲之用，也成為學校的一項特色。濂洞國小的校園居高臨下，更是欣賞附近海景的最佳位置。

濂洞聚落巷弄有多條石階步道交錯其間，遊客可以選走不同的路線，穿梭於聚落巷弄，領略水湳洞礦業聚落的風情，歇業的台金戲院、荒廢的老屋古厝，默默見證著此地曾經有過的繁華歲月。

● 從水湳洞聚落眺望陰陽海

● 水湳洞旅遊服務中心

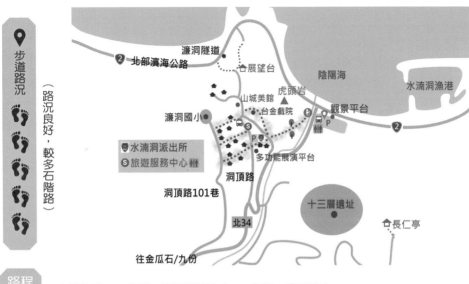

步道路況

（路況良好，較多石階路）

路程時間	步道入口→20分鐘→旅遊服務中心→8分鐘→濓洞國小

交通資訊	【自行開車】地圖衛星導航輸入「舊台鐵深澳線水湳洞車站」（即水湳洞停車場），即可導航至水湳洞停車場。 【大眾運輸】搭乘國光客運1811、1812或台灣好行巴士856、公車891至水湳洞站（水湳洞停車場）。

附近景點	金瓜石黃金博物館園區、九份老街、南雅地質步道、鼻頭角步道。

旅行建議	造訪水湳洞的濓洞里步道，參觀水湳洞旅遊服務中心、濓洞國小、多功能展演平台等景點，並觀賞每晚六點至九點亮燈的十三層遺址（暫定點燈至2023年）。

● 選煉廠遺址「點亮十三層」美麗夜景

66 / 南雅地質步道

奇岩海岸、霜淇淋岩、海狗岩

東北角著名地質海岸
嶙峋奇異的岩石景觀

南雅奇岩是東北角著名的景點，位於北部濱海公路南雅一帶的海岸，交通便利，容易親近。南雅海岸設有一條地質步道，東西兩端步道入口都設有停車場，西端入口的南雅漁港停車場，車位較多；東端入口只有小型停車場，就在奇岩區旁。

南雅地質步道長約700公尺而已，建議可以從南雅漁港停車場出發，走往南雅奇岩區，欣賞沿途海岸地質風景，步道途中設有觀景涼亭，提供遊客休憩及眺覽海岸風景。步行大約25分鐘，就可以抵達著名的奇岩區。南雅這一帶的海岸，海蝕及風化相當發達。由於岩層屬於大埔層砂岩，岩塊多為垂直節理，各層岩硬度與厚度不一，受侵蝕的抗力及速率各不同，因此形成奇形怪狀的岩峰，例如霜淇淋岩、竹筍岩、海狗岩等著名岩石。

南雅奇岩區正位於石梯坑溪的出海口，溪流入海處位於淡水鹹水交會處，是南雅海岸適合戲水處，溪流從濱海公路的仁愛橋橋下流過，橋下有遮蔭，無日曬之虞，也是適宜的戲水休憩地點。

遊覽南雅地質步道，也可以順道參觀南雅漁村，漁村內有一條著名的南子吝山登山步道，登往南子吝山，步道長約1公里，約40分鐘登頂，山頂視野展望極佳，為東北角熱門的登山步道之一。

●南雅奇岩海岸

●霜淇淋岩

步道路況

（路況良好，老少咸宜）

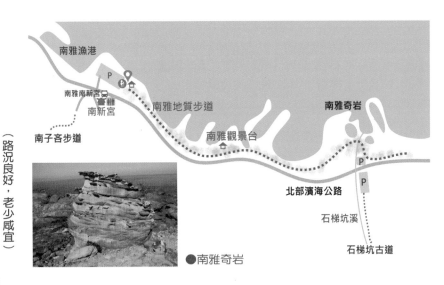

南雅漁港

P

南雅南新宮

南新宮

南雅地質步道

南雅奇岩

南子吝步道

南雅觀景台

北部濱海公路

P

P

石梯坑溪

石梯坑古道

●南雅奇岩

路程時間
南雅漁港停車場→25分鐘→南雅奇岩區

交通資訊
【自行開車】地圖衛星導航輸入「南雅漁港停車場」，即可抵達目的地（約位於濱海公路里程81K附近）。
【大眾運輸】搭乘公車791、886、856（台灣好行－黃金福隆線）至南雅（南新宮）站。

附近景點
水湳洞遊憩區、南子吝山、鼻頭角步道、龍洞灣岬步道。

旅行建議
避免於炎熱季節或時間來訪。 若體力許可，可順登南子吝山。

● 南雅奇岩・石梯坑溪出海口

67 / 龍洞灣岬步道
岬灣、海蝕硐、四稜砂岩

/ 龍洞峭壁灣岬美景
四稜砂岩瑰麗海岸

龍洞灣岬步道全長約1.7公里，北邊的入口位於和美國小旁，南邊入口則是在龍洞灣海洋公園。從和美國小往上爬坡，約10多分鐘，即可抵達龍洞灣岬步道入口。這裡也設有停車場。

進入步道，上爬不遠，即抵達觀景亭，可眺覽岬角四稜砂岩岩石節理被海水切割形成塊狀的地質景觀。觀景亭附近有一條岔路，可通往岬角凸處的觀景平台，這裡的視野最佳，可以俯瞰龍洞岬峭壁下方的大海蝕洞。從觀景亭續行，步道轉為緩緩下坡，沿著海岬繞往龍洞岬的南口，沿途飽覽山海美景，北邊的龍洞灣、鼻頭角，南邊的三貂灣、三貂角，海天壯闊，灣岬美麗。步行約20分鐘，抵達西靈巖寺。西靈巖寺鄰旁亦設有停車場。

西靈巖寺，又稱「佛祖廟」，正殿門聯有趣，寫著「見見見見見見見，齋齋齋齋齋齋齋」，是利用漢字一字多音多義的特點，組成同字異音的對聯句。見為「現」的古字，齊與「齋」古字相通。這副對聯應讀為：「見現、見現、見見現，齊齋、齊齋、齊齊齋。」濱海公路未通車前，海岸小路蜿蜒崎嶇，信眾走在路上，有時望見寺廟，有時轉個彎，就看不到寺廟，上句正形容這種忽隱忽現的景象。下句則是勸告信眾一齊來吃齋修道。由西靈巖寺續行，步道變為陡下的階梯路，共有97階，名為「九十七階天梯」。下梯之後，續行不遠，就抵達龍洞南口海洋公園（龍洞四季灣）。

● 龍洞灣岬觀景平台

● 西靈巖寺

步道路況 👣👣👣👣👣

（路況良好，老少咸宜）

路程時間
和美國小→15分鐘→步道入口→8分鐘→觀景平台→20分鐘→西靈巖寺→10分鐘→龍洞四季灣

交通資訊

【自行開車】
地圖衛星導航輸入「和美國小」、「西靈巖寺」、「龍洞四季灣」，皆可抵達龍洞灣岬步道。

【大眾運輸】
建議搭乘公車791（基隆火車站）至佛祖廟（西靈寺）站。

附近景點
龍洞灣公園、龍洞岩場。

旅行建議
龍洞四季灣（龍洞南口海洋公園）、龍洞岩場。

鼻頭漁港　　　　鼻頭角步道

鼻頭國小

鼻頭隧道

龍洞漁港　　和美國小　　龍洞岩場

觀景平台

大海蝕洞

觀景亭

龍洞灣岬步道

龍洞漁港

北部濱海公路

西靈巖寺

觀景亭

龍洞隧道

佛祖廟(西靈寺)

龍洞四季灣

龍洞南口海洋公園

● 龍洞灣岬步道較無遮蔭，夏日注意防曬。

● 龍洞灣岬峭壁及大海蝕洞

68 / 鼻頭角步道
海崖、海蝕平台、蕈狀岩、岬角風光

/ 鼻頭角壯麗岬角風光景
聽濤營區坐看海天一色

鼻頭角位於東北角，以美麗的岬角地形著名，擁有海崖、海蝕凹和海蝕平台等地質奇景，海蝕平台遍布蕈狀岩、蜂窩岩、豆腐岩及生痕化石，為渾然天成的自然地質教室。

鼻頭角步道呈環狀系統，主要為「鼻頭角地質步道」、「鼻頭角稜谷步道」。鼻頭角地質步道起點在鼻頭國小，終點為鼻頭角燈塔，步道沿途可以眺覽鼻頭角海蝕平台、海階地形，視野遠及龍洞灣岬及三貂角。「海天亭」旁亦有小徑通往海岸，可以近距離欣賞海蝕溝、蕈狀岩等地質景觀。鼻頭角地質步道後段因地質脆弱，目前已暫時封閉，禁止遊客前往鼻頭角燈塔。遊客可於途中岔路進入鼻頭角稜谷步道。

鼻頭角稜谷步道沿著起伏的山稜而行，視野遼闊，每一山稜高處都設有觀景台或涼亭，也都是眺覽風景的佳處。途中有一處廢棄的軍營，現在已規劃為「聽濤營區」，提供遊客休憩及觀賞風景，已為鼻頭角步道的新亮點。

鼻頭角稜谷步道，隨著地勢愈高，展望愈佳，山稜、灣岬與海天相映，美景令人驚艷。抵達稜谷高處的涼亭，有棧道迂迴陡下，接石階步道，走往鼻頭漁港，步道出口為新興宮。附近有鼻頭角公園亦可順道一遊，而漁港周遭也有海產餐廳，提供新鮮美味的海產料理。

● 步道起點——鼻頭國小

● 鼻頭角稜谷步道

路程時間

鼻頭漁港→10分鐘（經由鼻頭隧道前的陸橋，走往鼻頭國小）→鼻頭國小→15分鐘→鼻頭角稜谷步道入口→8分鐘→聽濤營區→20分鐘→最高涼亭→25分鐘→鼻頭漁港

交通資訊

【自行開車】地圖衛星導航輸入「鼻頭漁港」，即可抵達目的地。鼻頭漁港服務區設有收費停車場；鼻頭隧道前路旁設有公共免費停車場。

【大眾運輸】搭乘公車791（基隆火車站）、886（瑞芳火車站）至鼻頭角站。

附近景點

南雅地質步道、龍洞灣岬步道。

旅行建議

稜谷步道沿途較無遮蔭，請注意防曬。可順遊南雅地質步道或龍洞灣岬步道。

● 聽濤營區

69 / 三貂嶺瀑布步道
瀑布群、森林浴、鐵道風情

/ 夏日最消暑賞瀑路線
享受森林浴鐵道風情

　　三貂嶺瀑布群包括合谷、摩天、枇杷洞瀑布，是山友熱門的登山路徑，近年來也成為大眾化的休閒健行步道。

　　從三貂嶺車站出發，沿著鐵軌旁的小路前行，從地下道穿越三貂嶺隧道前的鐵道橋，繼續沿著平溪線鐵道旁的小路，即可看見已廢校的碩仁國小。

　　從碩仁國小前的小路續行，即抵達三貂嶺瀑布步道入口。上爬100多階的石階上坡，即轉為平緩的林蔭小徑。約半小時路程，抵達觀瀑台，就可遠遠望見合谷瀑布了。合谷瀑布屬於懸谷型的瀑布，高約30公尺，瀑布崖頂直瀉而下，分為上下兩層，十分壯觀。續行約7、8分鐘，抵達合谷瀑布的上游處，是中坑溪、五分寮溪交會處，兩溪會合後，流至懸崖，而形成合谷瀑布。這裡有兩座吊橋分別跨越中坑溪及五分寮溪，過吊橋後，山徑沿著五分寮溪溪岸而行，前行約0.8公里，抵達摩天瀑布。摩天飛瀑從高崖奔騰而下，雨量豐沛時，更為壯觀。

　　一般遊客建議以摩天瀑布為折返點。續行的山徑變為陡峭，設有繩索木梯輔助。攀爬上去，不久就抵達摩天瀑布上游的枇杷洞瀑布。續往前行，須爬一小段陡坡，然後接水泥步道，續行產業道路，可以走往新寮大厝，再經野人谷，走往平溪線的大華車站。

● 合谷瀑布觀瀑平台

● 中坑溪吊橋

步道路況

（路跡清楚，後段陡峭，注意安全）

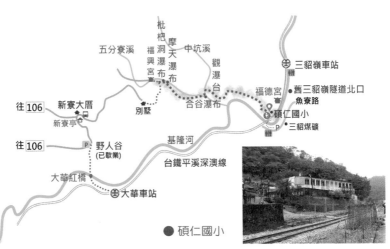

五分寮溪　枇杷洞瀑布　摩天瀑布　福興宮　中坑溪　觀瀑台　三貂嶺車站

往106　新寮大厝　新寮亭　別墅　合谷瀑布　福德宮　舊三貂嶺隧道北口　魚寮路　碩仁國小　P　三貂煤礦

往106　P　野人谷（已歇業）　基隆河　台鐵平溪深澳線

大華紅橋　大華車站

● 碩仁國小

| 路程時間 | 三貂嶺車站→20分鐘→碩仁國小→30分鐘→合谷瀑布觀瀑平台→40分鐘→摩天瀑布→15分鐘→枇杷洞瀑布→60分鐘→野人谷→25分鐘→大華車站 |

交通資訊

【自行開車】地圖衛星導航輸入「三貂煤礦」，即可抵達三貂嶺車站附近的魚寮路，續行約150公尺，右側路旁設有停車場；續步行至碩仁國小。

【大眾運輸】搭乘台鐵平溪深澳線至三貂嶺車站。

附近景點

平溪線各站景點、猴硐煤礦博物園區。

旅行建議

從摩天瀑布至枇杷洞瀑布須爬險崖陡坡，須注意安全。

● 摩天瀑布

70 / 虎豹潭步道
溪潭、水岸、壽山宮

虎豹潭湖光山色明媚
北勢溪水岸風情迷人

虎豹潭位於雙溪泰平地區北勢溪北支流的上游，潭邊的山丘形似虎豹，因而得名。虎豹潭，潭水清澈，湖山倒映，魚群悠游，景色怡人。

潭岸有林蔭小徑，可以環繞虎豹潭旁的山麓一小圈，途中路旁有一棟廢棄的三合院石頭厝，當地人稱為「曹田公館」，是日治時代大平區區長的宅第。虎豹潭也是昔日雙溪大坪與宜蘭內大溪之間古道必經之地，虎豹潭上游山區，就有不少古道形成錯縱的聯絡道路，從虎豹潭出發，可走出不同的環狀組合路線。不過沿途有不少岔路，遇岔路時，應留意指標，以免迷路。

虎豹潭周遭最大眾化的一條健行路線是虎豹潭步道。步道從虎豹潭通往壽山宮，沿著北勢溪的溪岸，風景優美。從虎豹潭的攔砂壩水泥石樁（梳子壩）越溪至對岸，取右行沿著河堤走，就進入虎豹潭步道。步道沿溪行，全線平緩好走，僅沿途有一小段崩塌，須上爬一小段繞過崩塌路段。約步行20多分鐘，即抵達虎豹潭步道的終點——壽山橋，橋頭仍保存一塊舊壽山橋的捐修古碑。過橋後，斜對面有一小徑通往附近的鯉魚山福德祠，沿溪行，風景亦佳。

壽山橋附近的壽山宮媽祖廟，是泰平地區著名的古廟，亦可順道一遊。

● 虎豹潭步道

● 虎豹潭步道

往雙溪

P 虎豹潭

福德祠　　　　　樓仔厝古道

泰平國小

太平派出所　　　　　曹田古厝　　虎豹潭
　　　　　　　　　　　　　　　　環山步道
　　　　　　　　　　虎豹潭

雙泰產業道路

北勢溪

鯉魚山福德祠　　　　　　　　　　虎豹潭步道

　　　　　　壽山橋　　　崩塌　　　　　　　　虎豹潭古道

福德祠　　壽山宮

壽山宮

往灣潭

步道路況

（路況良好，雨後越溪注意安全）

路程時間	虎豹潭→25分鐘→壽山橋（虎豹潭步道，經曹田古厝，環繞一圈約20分鐘）
交通資訊	【自行開車】地圖衛星導航輸入「虎豹潭步道停車場」，即可抵達雙泰產業道路虎豹潭步道入口旁的停車場。 【大眾運輸】從雙溪火車站轉乘F815巴士至虎豹潭站。
附近景點	虎豹潭古道、北勢溪古道。
旅行建議	雙泰產業道路公車F815每日僅有四班公車，請務必事先查詢發車時刻表，以免錯過公車。前往此處建議注意天氣預報、天候不佳或發現溪水轉濁，請勿通行虎豹潭梳子壩，以免發生危險。

● 虎豹潭

71 / 遠望坑親水公園
遠望坑溪、古道、梯田、古厝

/ 遠望坑溪水岸公園
小橋流水綠意盎然

遠望坑親水公園位於貢寮遠望坑街的遠望坑溪溪岸，就在草嶺古道北口附近。

親水公園引入遠望坑溪的溪水，修築池塘亭台，並建有步道，提供遊客遊憩。公園內有淙淙溪水，青青草原，旁有農家層層梯田，白鷺停駐，構成一幅小橋流水人家的田園圖景。溪流水淺處，遊客可以戲水悠游。

遠望坑，是古地名，清朝嘉慶十五年（1810），噶瑪蘭設治，遠望坑是淡蘭官道必經之地。遠望坑親水公園附近就有三座古老的石砌土地公廟，一位於梯田上方的馬路旁，一座位於遠望坑親水公園公廁斜對面的水田旁。兩座小廟都是廟中廟的形式，新穎的外廟裡，保存著古老石砌的小廟，見證了遠望坑的古道歷史。親水公園內的池塘旁，也有一座古老石砌的土地公廟。

親水公園規模不大，大約半小時即可走完一圈，卻是一處可以消磨時間，悠遊其間的桃花源之境。或坐憩涼亭，或漫步於步道，或戲水於溪谷，看浮雲流水，看梯田老厝，看魚兒悠游，真令人有「偷得浮生半日閒」的閒適逸趣。

● 遠望坑親水公園

● 遠望坑溪

步道路況 👣👣👣👣👣

（路況良好，老少咸宜）

路程時間

遠望坑親水公園約半小時即可走完一圈。

交通資訊

【自行開車】

地圖衛星導航輸入「遠望坑親水公園」，即可抵達目的地。公園設有停車場。

【大眾運輸】

從貢寮火車站搭乘F831至遠望坑親水公園站。或搭乘公車887、1740至遠望坑口站，步行15分鐘至遠望坑親水公園。

附近景點

草嶺古道、福隆海水浴場。

旅行建議

可順遊草嶺古道。遠望坑親水公園至草嶺古道埡口約3公里，至大里天公廟約5.7公里，全程約3小時，沿途指標清楚。

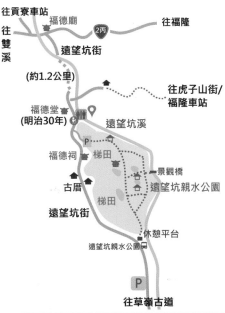

往貢寮車站　福德廟　2丙　往福隆
往雙溪　　遠望坑街
（約1.2公里）　　往虎子山街/福隆車站
福德堂
(明治30年)　遠望坑溪
　　P　梯田
福德祠　　梯田　　景觀橋
　　　　遠望坑親水公園
古厝　　梯田
遠望坑街
　　　休憩平台
遠望坑親水公園
P
往草嶺古道

● 遠望坑親水公園內古老的石砌土地公廟

● 遠望坑親水公園生態池

72 / 桃源谷步道
草原、山海、灣坑頭

桃花源般的大草原
壯麗海天世外桃源

　　桃源谷大草原位於新北市貢寮區與宜蘭縣頭城鎮交界處，擁有廣闊草原及海天美景。

　　這裡早期是曾放養牛隻的牧場，當地人稱作「大牛埔」，至今仍可見牛隻悠遊於草原谷地。由於風景秀麗，宛如世外桃源，因而稱為「桃源谷」。前往桃源谷，有四條主要的路線：

　　草嶺線：自草嶺古道埡口鞍部至桃源谷，長約4.5公里，從大里天公廟起登，則總長度超過7公里，路線最遠。

　　石觀音線：起點在宜蘭縣頭城鎮大里、大溪之間，從石觀音寺步道上爬至桃源谷。步道長約3.5公里。這條步道較少人行，石階濕滑，路況並不理想。

　　大溪線：從宜蘭頭城鎮大溪河濱公園至桃源谷，長約5公里，缺點也是路遠，且石階較為濕滑。

　　內寮線：從貢寮鄉吉林村蕭家莊出發，步道長約1公里，路程短，少爬坡，從登山口出發約20幾分鐘即可抵達桃源谷，一般遊客都走這條路線。近年來內寮產業道路也有車道通往桃源谷東北側的鞍部（往石觀音寺岔路），成為造訪桃源谷的捷徑，不過這條產業道路較狹窄，須小心駕駛。

● 桃源谷步道（內寮線）

● 桃源谷步道（草嶺線）

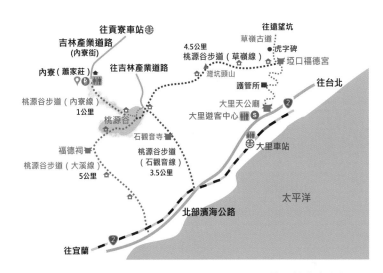

路程時間	蕭家莊（內寮）→25分鐘→桃源谷→50分鐘→灣坑頭山→70分鐘→草嶺古道埡口虎字碑
交通資訊	【自行開車】地圖衛星導航輸入「桃源谷步道內寮線」，即可導航至貢寮吉林產業道路的蕭家莊。 【大眾運輸】從貢寮火車站搭乘新北市新巴士F832、F833至桃源谷登山口站。巴士班次不多，建議事前查詢最新班次時刻表。
附近景點	灣坑頭山、草嶺古道。
旅行建議	桃源谷大草原無遮蔭，建議勿於天氣炎熱時造訪。體力佳時，可登爬灣坑頭山。

桃源谷

73 / 舊草嶺隧道
鐵道遺跡、自行車道、歷史古蹟

/ 《丟丟銅仔》火車隧道
蛻變為熱門的自行車道

舊草嶺隧道長2,166公尺，曾經是台灣最長的隧道，功成身退之後，如今規劃為一條休閒的自行車專用道。

假日時，舊草嶺隧道禁止人行，以避免騎乘的自行車造成行人危險。但非假日時，較少自行車，允許遊客步行隧道內。

步行舊草嶺隧道的優點是不受天候影響，無論風吹雨打或艷陽高照，在隧道內都不怕日曬雨淋，可以輕鬆漫步。隧道南口迎向大海，海風貫入隧道，使隧道涼爽怡人，走來非常舒適。

舊草嶺隧道完工於日治時代的1924年，成為台北與宜蘭之間的交通動脈。宜蘭民謠《丟丟銅仔》：「火車行到伊都，阿末伊都丟，唉唷磅空內。磅空的水伊都，丟丟銅仔伊都，阿末伊都，丟仔伊都滴落來……」，即描述火車通過這座隧道時的情景。現在走在草嶺隧道內，還可聽到隧道廣播傳來的《丟丟銅仔》悠揚的音樂。走在隧道內，沿途的舊磚拱壁，老牆煙跡，加上悠揚的懷舊音樂迴盪於耳際，充滿著濃郁的懷舊氛圍。

隧道南口就是宜蘭頭城的石城。這個原本冷清的濱海小村，如今已變成觀光景點。隧道南口設有觀景台及廣場，天氣好時，可以望見宜蘭外海的龜山島。

● 舊草嶺隧道北口遊客服務中心

● 舊草嶺隧道環狀自行車道

步道路況 👣👣👣👣👣

（路況良好，老少咸宜）

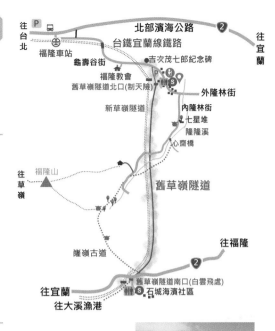

路程時間
舊草嶺隧道長2,166公尺，步行時間單程約30～40分鐘。

交通資訊
【自行開車】
地圖衛星導航輸入「福隆舊草嶺隧道」，即可導航至福隆外隆林街的隧道北口。隧道北口設有停車場。

【大眾運輸】
搭乘台鐵宜蘭線至福隆站；或搭乘公車1740、1811至福隆站，步行約2公里（30～40分鐘）至舊草嶺隧道北口。

附近景點
福隆海水浴場、三貂嶺燈塔、卯澳漁村。

旅行建議
亦可從福隆火車站或舊草嶺隧道北口租騎自行車，遊舊草嶺隧道環狀自行車道，環狀一圈約20公里，騎乘時間約2小時。

●吉次茂七郎紀念碑：紀念宜蘭線鐵道興建期間積勞成疾病逝的日籍工程師吉次茂七郎。紀念碑座落於舊草嶺隧道北口停車場附近涼亭旁。

● 舊草嶺隧道道北口

74 / 瑪鋉溪步道
觀魚、戲水、萬里海水浴場

步道平緩親子輕鬆樂遊
萬里海水浴場踏浪戲水

瑪鋉溪發源於萬里大尖山、北五指山之間的山區，流向萬里市區，最終在萬里漁港西側注入大海。

瑪鋉溪上游水流湍急，經過忠福橋之後的下游河道才漸趨平緩。這個河段的瑪鋉溪右岸設有一條長約2公里的瑪鋉溪步道，沿途設有涼亭、景觀橋等遊憩設施。瑪鋉溪步道寬闊平緩、設施安全，成為一條適合親子郊遊踏青的路線。

步道入口位於瑪鋉溪出海口的萬里大橋旁。步道沿著瑪鋉溪右岸走往上游。「四十九號橋」約位於瑪鋉溪步道中點，附近溪岸設有親水步道及戲水平台。步道的後段，漸離市區，景致愈佳，有一座「灣潭橋」連結瑪鋉溪兩岸，右岸橋旁有一片花圃，左岸設有「萬金杜鵑」花園，栽植各種品種的杜鵑花。

沿著右岸步道續行，抵達步道終點忠福橋。過橋之後，附近的中福宮是地方的信仰中心，廟旁的山丘為中福休閒公園，山頂有一座觀景涼亭，可以眺覽瑪鋉溪風景。從中福宮續沿著公路往回走，途中經過「萬里行，好心情」的牌樓，旁邊有煤礦坑口的造景，以保存早期本地開採煤礦的歷史記憶。回到灣潭橋，過橋回到右岸步道，再循原路返回萬里大橋。然後可以順遊附近的萬里海水浴場。

● 瑪鋉溪灣潭橋附近的河岸花圃

● 中福休閒公園觀景涼亭

步道路況 👣👣👣👣👣

（路況良好，老少咸宜）

路程時間

萬里橋→15分鐘→四十九號橋
→20分鐘→忠福宮→3分鐘→煤
礦坑口→5分鐘→灣潭橋→20分
鐘→萬里大橋

交通資訊

【自行開車】
地圖衛星導航輸入「萬里大
橋」，抵達萬里大橋後，即可望
見瑪鋉溪步道。橋頭旁的獅頭路
有停車空地。

【大眾運輸】
搭乘公車1815、789、790、
862、863至萬里區公所站，步行
往國中橋，即進入瑪鋉溪步道。

附近景點

萬里海水浴場、瑪鋉老街、萬里
觀海步道。

旅行建議

遊覽瑪鋉老街及萬里海水浴場

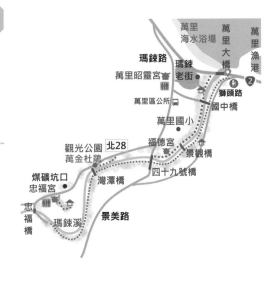

● 萬里海水浴場

● 瑪鋉溪步道

75 / 萬里觀海步道
獅子公園、幸福廣場、瑪鍊漁港

/ 獅子公園眺覽海岸礁岩
萬里幸福廣場浪漫看海

萬里觀海步道，又稱「西濱公路觀海休憩步道」，起點位於萬里獅子公園，終點位於萬里漁港附近的萬里幸福廣場，兩端都設有停車場。

從獅子公園出發，走往萬里漁港，步道沿著海岸而行，一路有海景相伴。遠處的野柳岬角，近處的海岸山巒，基隆港外海的基隆嶼，還有海面上一艘艘貨輪大船，風景怡人。

這裡的海岸有各種礁石，其中有一塊像拳頭的岩石被稱為「萬里拳頭石」。萬里觀海步道長約1公里，大約20～30分鐘即可走完，步道終點的「萬里幸福廣場」，有一排拱廊狀的涼亭及愛情為主題的戶外裝置藝術，成為情人拍照打卡的浪漫景點。續行不遠，即抵達萬里漁港。萬里漁港，又稱「瑪鍊漁港」。台灣八成以上的海蟹，來自新北市萬里區，近年來以「萬里蟹」聞名，尤其是秋冬之際，海蟹捕撈的產量最豐盛。這個季節來訪，可以品嚐到最肥美成熟的螃蟹。

萬里漁港就位於瑪鍊溪出海口的東側，附近有瑪鍊溪步道、萬里海水浴場、瑪鍊老街等景點。而萬里獅子公園也有步道通往基隆市的湖海灣及大武崙澳底海灘，都可以順道一遊。

● 從萬里觀海步道眺望野柳岬

● 萬里漁港（瑪鍊漁港）

步道路況

（路況良好，老少咸宜）

萬里海水浴場
白宮行館
萬里漁港（瑪鋉漁港）
萬里大橋
瑪鋉老街（萬里老街）
萬里區公所
國中橋
萬里國中
瑪鋉溪
瑪鋉溪步道
萬里幸福廣場
萬里拳頭石
萬里觀海步道
獅子公園
湖海灣步道
湖海灣
往大武崙漁港

| 路程時間 | 獅子公園→15分鐘→萬里漁港→10分鐘→瑪鋉老街 |
| | 獅子公園→10分鐘→湖海灣→10分鐘→大武崙澳底海灘 |

| 交通資訊 | 【自行開車】地圖衛星導航輸入「新北市萬里區獅子公園」（停車位較少），或導航「瑪鋉漁港」，瑪鋉漁港旁的「萬里幸福廣場」設有停車場（停車位較多）。 |
| | 【大眾運輸】搭乘公車1815、789、790、862、863至萬里區公所站，步行前往萬里漁港，從萬里幸福廣場進入步道。步行時間約20分鐘。 |

| 附近景點 | 湖海灣、大武崙海灘、萬里海水浴場、瑪鋉溪步道。 |

| 旅行建議 | 順道遊覽瑪鋉老街、萬里海水浴場或湖海灣、大武崙澳底海灘。 |

● 萬里幸福廣場

76 / 野柳地質公園
岬角、奇岩、賞鳥、海景

台灣知名海岸地質公園
欣賞海岸礁岩千奇萬怪

野柳地質公園是台灣最獨特的海岸風景區，由於受到風化與海蝕的影響，海岸岩石形成千奇百怪的形狀，如風化石、風蝕溝、風蝕崖、蜂窩石、燭狀石、薑狀石、豆腐石、象鼻石、仙女鞋、女王頭、壺穴、岬角等地質景觀，是台灣知名國際景點。

近年來野柳地質公園的規劃更為完善，設置無障礙步道，讓行動不便者也能坐著輪椅欣賞地質公園的風景。野柳地質公園最著名的岩石是「女王頭」，由於長年受風化侵蝕，頸部漸漸變為細瘦，未來有斷落之虞。目前園區已另選一塊岩石「俏皮公主」，做為女王頭的接班人。久未造訪野柳的遊客，不妨再次遊覽，欣賞未來將會消逝的女王頭，以及體驗地質公園的新風情。

野柳地質公園內有一條賞鳥步道，通往岬角頂端，途中有左岔路通往野柳岬山。山頂設有觀景涼亭，野柳燈桿（小型燈塔）就座落於涼亭上方，有「台灣最美燈桿」的美譽。賞鳥步道的終點，位於野柳岬的頂端，設有觀景涼亭，涼亭三面臨海，視野遼闊，遠及基隆嶼、金山岬、燭台雙嶼，亦可近距離欣賞野柳岬山西北側險峻的懸崖絕壁。

野柳岬是冬季候鳥入境台灣的第一個登陸地點，所以每到這個季節，便吸引許多賞鳥人士帶著相機在步道沿途守候，拍攝遠從北方而來的候鳥嬌客。

● 野柳地質公園女王頭

● 野柳岬山

步道路況

（路況良好，老少咸宜）

路程時間

野柳地質公園入口→50分鐘→野柳岬山（遊覽園區約2小時）

交通資訊

【自行開車】地圖衛星導航輸入「野柳地質公園」，即可抵達目的地。園區入口
附近設有收費停車場。

【大眾運輸】搭乘公車790、953、1068至野柳地質公園站；或搭乘公車862、1815
至野柳站。

附近景點

野柳海洋世界、龜吼維納斯海岸、龜吼漁港。

旅行建議

順道遊覽野柳與龜吼之間的維納斯海岸。

● 野柳地質公園

77 / 龜吼維納斯海岸
螃蟹廣場、奇岩海岸、駱駝峰

入選台灣最美海岸之一
駱駝峰奇岩最美麗碉堡

維納斯海岸位於龜吼與野柳東澳漁港之間。十幾年前的龜吼漁港，還是質樸寂靜的小漁村。近年來已發展成為觀光漁村，變得熱鬧繁華。

龜吼的漁夫市集，假日時總是擠滿遊客，而每到秋季萬里蟹產季時，更是吸引饕客的目光。

龜吼漁港附近的螃蟹主題公園是維納斯海岸的起點，這段海岸的岩石有美麗的木紋紋理。2010年，被票選為台灣最美的海岸，而被稱為「維納斯海岸」，其中最菁華的海岸是在東澳漁港旁的駱駝峰，是一座海岸岩丘，有宛如駱駝雙峰的岩石，被鑿出洞穴做為碉堡。爬上岩丘高處，坐看美麗的維納斯海岸，野柳岬伸入大海，而回望龜吼，美麗的海岸線一覽無遺。

駱駝峰旁的東澳漁港，亦曾獲選為台灣十大經典魅力漁港，而不遠處就是野柳海洋世界、野柳地質公園等觀光景點。維納斯海岸是一處適合闔家出遊的景點，有海岸風光，有漁村美食，還有適合小朋友活動玩樂的螃蟹主題公園。唯一須注意的是，維納斯海岸的駱駝峰並無正式步道，須手腳攀爬岩石才能抵達高處，駱駝峰旁側為懸崖峭壁，攀爬時須特別謹慎，以免發生危險。

● 龜吼螃蟹主題公園

● 駱駝峰

步道路況 👣👣👣👣

（路況良好，老少咸宜。登駱駝峰，幼童不宜）

路程時間
龜吼漁港→10分鐘→螃蟹主題公園→25分鐘→駱駝峰→10分鐘→野柳地質公園

交通資訊
【自行開車】
地圖衛星導航輸入「龜吼港」，即可抵達目的地。漁港附近設有收費停車場。維納斯海岸路邊亦有免費停車空地。
【大眾運輸】
搭乘公車790（經龜吼漁港）、953至龜吼漁港。

附近景點
野柳地質公園、野柳海洋世界。

旅行建議
攀爬駱駝峰務必注意安全。

東海

往野柳地質公園

港東路　野柳海洋世界　P
野柳漁港
港西路　　　東澳漁港
港西路　　　東澳路　駱駝峰
玉田路
龜吼日出亭
維納斯海岸
萬里隧道　　漁澳路
P　螃蟹主題公園
往翡翠灣　　龜吼漁港
龜吼漁夫市集
石角路
②
往翡翠灣

● 龜吼漁港

● 駱駝峰岩洞碉堡

78 / 金山神祕海岸
海蝕洞、礁石海岸、燭台雙嶼

/ 別有洞天的神祕海岸
近距離欣賞燭台雙嶼

北海岸的金山，在著名的燭台雙嶼附近的海岸線，綿延長約數百公尺。過去戒嚴時期，這處海岸有駐軍防守，禁止遊客接近，因此這美麗的海岸線就有了「神祕海岸」的名稱。

造訪神祕海岸可以從獅頭山公園的中正亭或由水尾漁港前往。從水尾漁港出發，一路沿著海岸而行，更能感受到神祕海岸的美麗。水尾漁港道路的盡頭，就是神祕海岸的入口。步上石階，越過防波堤後，進入海岸，岩壁有一海蝕洞，穿過狹窄的洞穴，即抵達神秘海岸。

神祕海岸的岩石紋理優美，岩石與海水交會處，礁石表面多綠藻，離海水稍遠的岩石，岩面白皙而又有橘褐色的自然彩繪。神祕海岸並無正式的步道，但岩石之間起伏平緩，不難通行，不過仍須謹慎慢行。岩縫之間，可以看見不少螃蟹四處竄行。繞過海岸的小岬，即望見著名的燭台雙嶼。這附近的海岸，岩石細白，為神祕海岸最美之處。海岸有步道可爬往獅頭山公園的中正亭。

中正亭是欣賞燭台雙嶼的最佳地點。續沿著獅頭山公園的步道，途中有左岔路步道通往水尾漁港。水尾漁港建有一座景觀橋跨過員潭溪，過橋之後，是昔日的舊金山海灘，有綿延的細白沙灘。漫步海灘，眺望大海藍天，令人心曠神怡。

● 金山神祕海岸

● 金山獅頭山公園中正亭

步道路況 👣👣👣

（海岸況礁石路線，注意風浪及濕滑）

地圖標示：
燭台雙嶼
礦溪　金山海水浴場　礦港漁港
中正亭
獅頭山公園　神祕海岸
金山青年活動中心　海蝕洞
礦港路　水尾漁港
賴崇壁洋樓
礦港路　豐漁｜員潭溪景觀橋
金山遊客中心　威靈宮

路程時間	員潭溪景觀橋→10分鐘→神祕海岸入口→25分鐘→中正亭→10分鐘→岔路往水尾漁港→10分鐘（支線步道）→員潭溪景觀橋，約60～80分鐘（含休息）

交通資訊	【自行開車】地圖衛星導航輸入「水尾漁港」，漁港路旁空地可以停車，漁港馬路盡頭的海堤即為神祕海岸入口。 【大眾運輸】從金山區公所搭乘F933至豐漁站。或搭乘台灣好行716（捷運淡水站）至金山遊客中心站；或搭乘公車863（捷運淡水站）至金山青年活動中心站，步行經獅頭山公園，從中正亭前往神祕海岸。

附近景點	燭台雙嶼、金包里老街、金山溫泉、金山海水浴場。

旅行建議	可順遊獅頭山公園、金包里老街，金山遊客中心提供自行車出租服務。

● 金山神祕海岸

79 / 青山瀑布步道
瀑布、溪流、水圳、賞楓

　　青山瀑布，舊稱「尖山湖瀑布」，位於石門老梅溪上游的隱密山林。後來地方政府興建青山瀑布步道，長約1.3公里，成為一條大眾化的踏青路線。

　　進入步道，一開始是上爬120幾級的石階路，隨後就是平緩好走的水圳路了。步道旁的水圳是「崁底寮水圳」，取自老梅溪中游的溪水，灌溉下游豬槽潭一帶的農田。

　　步道與水圳平行，沿途有涼涼水流相伴，是整條步道最舒適怡人的路段。步行約20分鐘，抵達崁底寮水圳的老梅溪引水口。探訪青山瀑布，還得再往上爬。由此而上，步道循著老梅溪支流溪谷上行，溪谷漸陡漸狹，步道變為泥土山徑，有溪石鋪設的石階，並架設數座小橋越溪，山徑穿梭於溪岸，一路上行，山林愈為原始，沿途可見清澈溪潭及流水激湍。上行約10多分鐘，抵達青山瀑布。

　　青山瀑布高約三層樓，瀑布自崖頂奔騰而下，山風吹拂，瀑水迎面而來，瀑布前的觀瀑平台清涼無比。附近有不少楓樹，秋日楓紅層層，別有一番景色。青山瀑布續有山徑繞往瀑布上游，通往尖山湖紀念碑，不過屬於登山路線，山徑原始，一般遊客建議以原路折返為宜。

● 青山瀑布步道小橋越過溪谷

● 青山瀑布步道

步道路況

（路況良好，步道末段稍有起伏）

往老梅/北部濱海公路 ❷　　往石門/北部濱海公路 ❷

北17
豬槽潭路

北19

老梅溪

崁底寮水圳

青山瀑布步道

小橋

小橋

老梅瀑布●

青山瀑布

往尖山湖紀念碑

往尖山湖紀念碑

路程時間　青山步道入口→20分鐘→崁底寮水圳取水口→15分鐘→青山瀑布

交通資訊

【自行開車】地圖衛星導航輸入「青山瀑布公車站」，即可導航至青山瀑布步道入口。步道入口附近設有小型免費停車場及公廁，但停車空間有限。附近民宅提供私人停車空位，停車費每次約100元。

【大眾運輸】從老梅搭乘F152巴士至青山瀑布站（每日僅有兩班，例假日停駛）。

附近景點　尖山湖步道、老梅綠石槽、富貴角步道、富基漁港。

旅行建議　可順遊尖山湖步道。由附近的步道入口上行約15～20分鐘，即可抵達尖山湖紀念碑。 一般遊客建議勿從青山瀑布直接前往尖山湖紀念碑（約需70～80分鐘）。

● 青山瀑布

80 / 白沙灣神祕湖步道
海水浴場、湖泊、綠色隧道
海岸森林湖泊祕境
綠蔭倒映湖色優美

神祕湖步道位於白沙灣遊客中心停車場後方的山林裡。步道途中有一座小湖泊，周遭被山林圍繞，位置隱密，在步道興建之前，少有遊客知道，因此被命名為「神祕湖」，而這條步道就稱為「神祕湖步道」。

神祕湖步道長1.2公里，有兩個出入口，分別位於白沙灣的第一、二停車場，兩個停車場相距約500公尺。第一停車場座落於白沙灣遊客中心旁。小路進入，兩旁有防風林。此地瀕臨海岸，夏季酷熱，迎風面又有鹽霧侵擾，形成磽地環境，耐風耐熱的低矮喬灌木成為優勢的植物。爬上石階，來到高處，回望即見白沙灣的海景。石階步道終點，續接平坦的水泥路，續行不遠，抵達十字路口，左岔路通往台2線濱海公路，右岔路走往神祕湖湖岸的休憩涼亭。湖岸有數棵老榕樹，環境清幽，是步道途中主要的休憩景點，湖畔建有高架棧道及神祕湖觀景平台。小湖泊周遭有小丘綠林圍繞，綠蔭倒映湖中，湖色呈現一片碧綠。

經過神祕湖，步道的後段位處於山丘西南面的背風面，受東北季風帶來濕潤水氣影響，形成樹林茂盛的綠色隧道之景。通過綠色隧道，抵達步道出口的第二停車場。沿著停車場旁的步道走出來，即是白沙灣大道，左往麟山鼻步道，取右行，沿著馬路即可走回白沙灣遊客中心。

● 從神祕湖步道眺望白沙灣遊客中心

● 神祕湖步道高架棧道

步道路況

半島秘境

麟山鼻步道

麟山鼻漁港

麟山鼻
海濱棧道

白沙灣

觀景平台

白沙灣遊客中心

Ubike　P

往金山／萬里

第二停車場
P

白沙灣大道

神祕湖

第一停車場
P

觀景平台

23K

神祕湖步道

石階路

觀景平台

往台2線

往淡水

雙灣自行車道
往淺水灣

路程時間　白沙灣第一停車場→11分鐘→神祕湖→11分鐘→白沙灣第二停車場→3分鐘→白沙灣觀景平台→9分鐘→白沙灣遊客中心。

交通資訊
【自行開車】地圖衛星導航輸入「白沙灣海水浴場」，即可抵達目的地。白沙灣遊客中心旁設有第一停車場（免費）。
【大眾運輸】從捷運淡水站搭乘公車862、863、865、867至北觀風景區管理處站。

附近景點　白沙灣海水浴場、麟山鼻步道、麟山鼻海濱棧道。

旅行建議　順遊麟山鼻步道、麟山鼻海濱棧道，亦可從白沙灣租YouBike騎往雙灣自行車道（白沙灣～淺水灣）。

● 神祕湖

81 / 富貴角步道
燈塔、風稜石、綠石槽

/ 台灣本島最北端燈塔
老梅綠石槽美麗風景

富貴角位於台灣最北端的突出海岬，早期荷蘭人將富貴角記錄為「Hoek」，意思是指海岬，閩南語音譯為「富基角」，日治時代才更名為「富貴角」。

富貴角屬於緩斜的岬角地形，海拔高度約33公尺，設有富貴角步道環繞岬角海岸，提供遊客欣賞岬角海岸風光。

富貴角步道平緩好走，以地質景觀著稱。海岸散落著大小嶙峋的風稜石，屬於礁岩地形，不過岬角東側的老梅海岸，卻有一片綿延的沙灘及沙丘地形，並有著名的綠石槽景觀。富貴角步道有一條支線步道通往老梅沙灘及綠石槽海岸。

沿著富貴角步道走到岬角頂端，這裡有台灣本島最北端的富貴角燈塔。富貴角燈塔是日治時代建造的第一座燈塔。1962年改建為八角形混凝土塔。富貴角燈塔高14.3公尺，照射遠及19海浬。經過富貴角燈塔，續行約10分鐘，即抵達富基漁港。富基漁港是北海岸著名的觀光漁市。漁港停車場入口對面的「阿達活海產餐廳」旁有石階步道及小路可以繞回富貴角步道入口。

富基漁港附近的老梅公園，有風剪樹特殊景觀。原本應是挺直生長的榕樹，為了適應此地環境，順著風勢，樹幹歪斜生長，形成風剪樹的奇觀，老梅公園內有十幾棵榕樹，形成一片風剪樹的樹林，亦值得一遊。

● 富貴角步道

● 老梅綠石槽

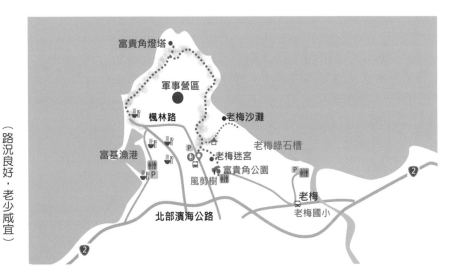

路程 時間	富貴角步道入口→60分鐘（1.5公里, 含休息及看風景）→步道終點→10分鐘→富基漁港觀光漁市→15分鐘→富貴角步道入口。
交通 資訊	【自行開車】地圖衛星導航輸入「富貴角燈塔公園入口——停車場」，即可抵達步道入口。 【大眾運輸】搭乘台灣好行716皇冠北海岸線（捷運淡水站發車），或搭乘公車862、863、865、867、892、F152、F161至富貴角燈塔站。
附近 景點	富基漁港、老梅公園、老梅綠石槽、白沙灣、麟山鼻步道。
旅行 建議	夏日注意防曬。傍晚前造訪，可以欣賞美麗落日夕陽。

● 富貴角燈塔

82 / 麟山鼻步道
風稜石、石滬、野百合花

　　麟山鼻位於台灣本島的北端，是八十萬年前大屯火山爆發，熔岩流經此處所形成的岬角，地質以安山岩為主。安山岩經過長年風化，形成了獨特、有稜有角的風稜石，遍布於麟山鼻的海岸。春天四月時，麟山鼻的山坡野百合盛開，更是最佳造訪季節。

　　麟山鼻與白沙灣相鄰，沿著白沙灣的沙灘就可步行至麟山鼻步道。白沙灣遊客中心前也有步道或車道可前往麟山鼻。步道入口就位於道路盡頭處的麟山鼻農漁休閒園區大門前的馬路右側。麟山鼻步道沿著岬角海岸繞一圈，可以欣賞著名的風稜石景觀及北海岸最完整的石滬遺跡。石滬遺跡位於步道途中十字路口旁的涼亭附近海岸，從涼亭旁小徑進入不遠，即可看見石滬遺跡，但只有在乾潮時才能看見完整的石滬遺跡。

　　步道繞過麟山鼻岬角，經過巨石老樹，抵達碉堡旁的落日平台，是觀賞夕陽的景點。經過這裡，距離麟山鼻漁港已經不遠了。若是純粹想欣賞落日，亦可直接從麟山鼻漁港旁的步道入口進入麟山鼻步道。很快就能抵達碉堡落日平台。

　　麟山鼻漁港是一座小型漁港，漁港旁有一條海濱木棧道，是雙灣自行車道的一段，附近有美麗的藻礁海岸，亦可以順道一遊。

● 麟山鼻步道

● 步道途中的巨石老樹

⚲ 步道路況 👣👣👣👣👣

（路況良好，老少咸宜）

路程時間	麟山鼻步道入口→10分鐘→Love裝置藝術→15分鐘→石滬區→15分鐘→麟山鼻漁港→10分鐘→麟山鼻步道入口，環繞一圈約1小時
交通資訊	【自行開車】 地圖衛星導航輸入「麟山鼻步道」或「麟山鼻停車場」，即可抵達目的地。 【大眾運輸】 從捷運淡水站搭乘公車862、863、865、867至北觀風景區管理處站，步行約1公里至麟山鼻步道入口。
附近景點	麟山鼻海濱棧道、白沙灣神祕湖步道、白沙灣海水浴場。
旅行建議	麟山鼻步道途中有小路通往岬角山丘，山丘設有觀景平台，建議可以順道前往岬角山丘眺覽風景。

● 麟山鼻岬角山丘觀景平台

● 麟山鼻步道風稜石

83 / 麟山鼻海濱棧道
藻礁、海灘、棧道、阿兵哥觀景平台

雙灣自行車道美麗棧道
麟山鼻海岸藻礁及海灘

迷人的麟山鼻海濱棧道屬於「雙灣自行車道」的一段，「雙灣」是指淺水灣及白沙灣。

麟山鼻海濱棧道長約0.6公里而已，步道入口位於麟山鼻漁港旁，這裡是電影《不能說的祕密》拍攝場景之一。步道入口就立有這部電影的意象造景。

這條沿著海岸的防風林與沙灘之間架設的木棧道，適合散步，可以欣賞海景、藻礁潮間帶及海岸動植物生態。棧道的終點，接柏油路，是雙灣自行車車道，可以繼續沿著這條車道散步走往陳厝坑溪出海口附近的「阿兵哥觀景平台」。這是利用廢棄的軍事崗哨營造的觀景平台。遊客可以在陰涼的崗哨內休憩，或在觀景平台欣賞海景。

觀景平台有小徑通往海岸，可以沿著海岸，漫步沙灘，走回麟山鼻漁港。這裡的海灘不同於白沙灣白淨細沙，色澤較為特殊，是由白色貝殼珊瑚碎屑「貝殼砂」、黃色「石英砂」及黑褐色的「鐵砂」混合組成，由於黑砂比重最重，沉在下層，乍看時會以為是汙染沙灘的淤泥。這段海岸也散布著藻礁，是由紅藻類的珊瑚藻建構而成的石灰岩礁體。藻礁表面多變化及豐富的孔隙，可以提供許多生物躲藏與食物的來源；而藻礁礁體可以保護與穩固海岸，退潮時的潮間帶，也是觀察生物活動的最佳時機。

● 麟山鼻藻礁海岸

● 阿兵哥觀景平台

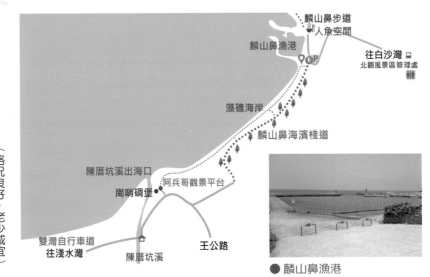

● 麟山鼻漁港

路程時間	麟山鼻漁港→15分鐘→海濱棧道終點→12分鐘→阿兵哥觀景平台
交通資訊	【自行開車】地圖衛星導航輸入「麟山鼻漁港」，即可抵達目的地。漁港旁設有免費停車場。 【大眾運輸】從捷運淡水站搭乘公車862、863、865、867至北觀風景區管理處站，步行約1.2公里至麟山鼻漁港。
附近景點	白沙灣海水浴場、白沙灣神祕湖步道、麟山鼻步道、富基漁港。
旅行建議	順遊麟山鼻步道或白沙灣神祕湖步道

● 麟山鼻海濱棧道

84 / 大坑溪三生步道
賞櫻、水岸、鄉村風情

三芝鄉鄉村賞櫻步道
大坑溪水岸田園風光

大坑溪三生步道位於三芝大坑溪的溪岸，長2公里，步道兩側有農園，附近山坡有層層梯田，充滿鄉村田園的風情。

這條溪岸步道也是農家出入及運送農產品的道路，兼顧「生產」、「生活」、「生態」三種功能，因而被命名為「三生步道」。

步道入口位於「十七號橋」，沿著大坑溪的溪岸走往上游，步道或在右岸，或在左岸，兩岸有橋梁相互串連。步道沿途種植成排的櫻花樹，每年三月櫻花盛開時，步道一片櫻海，景色艷麗，吸引不少遊客造訪，成為三芝知名的賞櫻步道之一。

櫻花季之後，三生步道由絢爛歸於平靜，純然是質樸平淡的田園綠意。這條步道寬闊平坦，沒有任何的石階，適合悠閒漫步。走在步道上，不時可見有鷺鷥在水田濕地裡覓食，田園風光，恬靜怡人。愈走往上游，山谷漸狹，山坡出現層層梯田。經過大坑口橋，左邊的對岸溪畔有一棵老樹，樹下有一座石砌的小土地公廟，是歷史悠久的大坑尾福德宮。抵達大坑橋，銜接鄉間產業道路，周遭仍是一片田園景致。繼續前行，抵達大坑二號橋之後，即銜接橫山里賞桐步道，這是一條著名的賞桐步道，也可以順道一遊。

● 大坑溪

● 大坑溪三生步道

步道路況

往麟山鼻步道　　往石門／金山

水口民主公王宮　　公王路

21.3K

埔頭坑溪　　　　　舊台2線

新莊子95號口　　　公王路　　　陽光路

十七號橋

景觀橋　　　大坑尾橋

福德宮

20.8K

大龍橋　　　浩養橋　　　圓山草堂櫻花咖啡館

大坑口橋　　　福德宮

淡金公路②　　　　　　　拱橋

往三芝市區／淡水　　　　大坑橋

横山里賞桐步道

產業道路　　　大坑二號橋

大坑溪

路程時間	十七號橋→40分鐘（2公里）→大坑橋，步行時間來回約1.5～2小時（含休息）

交通資訊

【自行開車】地圖衛星導航輸入「三生步道」，即可導航至三生步道入口（十七號橋）。

【大眾運輸】從捷運淡水站搭乘862、863、865、867、892公車至新庄子95號站，步行約200公尺至三生步道入口。

附近景點

麟山鼻步道、麟山鼻海濱木棧道、白沙灣神祕湖步道。

旅行建議

大坑溪三生步道沿途空曠，較無遮蔭，避免於烈日高溫時造訪。最佳造訪季節為春天櫻花盛開時。

● 大坑溪三生步道最佳造訪季節為櫻花盛開時期。

85 / 橫山里賞桐步道

賞桐、森林浴、鄉村風景

桐花步道五月飄雪
森林小徑桐花滿徑

橫山里賞桐步道位於大坑溪上游的山區，這裡是三芝地區油桐樹最密集的區域。桐花盛開時，山頭白皚，林間油桐花落如雪，如詩如畫。

賞桐步道的入口位於大坑溪大坑二號橋旁。這裡也是大坑溪三生步道的終點，從三生步道入口出發，沿著大坑溪步行約50分鐘，就可以抵達大坑二號橋。

由於大坑二號橋附近道路狹窄，缺乏停車空位，近年來政府在附近陽光路設置新的步道入口及公共停車場，開車來的遊客可從陽光路的步道入口進入，抵達賞桐步道。主要的賞桐步道長約0.5公里，又分為上下兩條步道，其間有小徑串連，形成各種環狀賞桐路線。遊客可隨個人興趣及桐花蹤跡，散步其間。

橫山里賞桐步道以泥土路為主，鋪設細碎石子，丘陵地海拔不高，起伏不大，上下坡的步道鋪設仿枕木的階梯，鋪有碎石泥土，踏踩舒適。沿途也設有涼亭及座椅提供遊客坐憩觀賞油桐花。途中又有一條高架棧道通往山腳下的大坑溪河岸，溪岸設有觀景涼亭及桐花拱橋，遊客可以漫步欣賞附近鄉村風光，而另有步道可以銜接主線步道，形成另一個環狀悠遊步道。由於各個環狀路線都不長，如果時間充裕，不妨隨興遊逛，體驗各個不同環狀步道路線。

● 橫山里賞桐步道休憩涼亭

● 桐花拱橋

往台2線　●陽光海岸別墅

往新庄子公車站

大坑溪

河岸自然農園標誌　　陽光路

大坑溪三生步道

大坑二號橋

桐花拱橋　　高架棧道

觀景涼亭　　福德宮

圳邊

北18

隆山路

橫山

隆山路

路程時間	步道有多條環狀路線，可隨個人喜好，走各種不同的環狀組合路線。步行時間約1～2小時（含停留及看風景）。
交通資訊	【自行開車】地圖衛星導航輸入「三芝陽光海岸別墅」，抵達目的地時，續行陽光路約1公里，即可抵達步道入口的停車場。 【大眾運輸】從捷運淡水站搭乘866、877至橫山站，步行約200公尺至步道入口停車場；或搭乘862、863、865、867、892公車至新庄子95號站，步行約200公尺至三生步道入口，步行三生步道前往橫山里賞桐步道入口。
附近景點	大坑溪三生步道、橫山梯田、白沙灣神祕湖步道、麟山鼻步道。
旅行建議	大坑二號橋旁的道路狹窄，停車空間有限。開車遊客建議停車於陽光路新設的停車場。

● 橫山里賞桐步道

86／馬偕真愛森林療癒步道
人文步道、森林浴、馬偕醫學院校園

馬偕池
森林浴

馬偕醫學院校區位於三芝，校地約19公頃，校園擁有一片保安林。2011年起，學校建置了一條兼具生態教育、學術研究及休閒益康功能的森林步道，命名為「馬偕真愛森林療癒步道」，園區內有古厝、馬偕池、聰明橋（以馬偕妻子名字命名）、逍遙坪及景觀台等設施。

　　馬偕真愛森林療癒步道的入口就位於校園內的運動場旁，遊客開車進入校區，沿著指標，往多功能活動中心的方向，即可看見位於校園角落的運動場。

　　馬偕真愛森林療癒步道長約1.5公里，迂迴於低海拔的丘陵森林，形成環狀路線，步道沿途設置療癒步道系列解說牌，並介紹馬偕博士醫療傳道事蹟、馬偕醫院醫治世人的事蹟及聖經福音心靈話語等，以鼓勵在此就讀的學生，學習效法馬偕精神，成為具有服務熱忱與愛心的醫事人員，兼具休閒與教育寓意。

　　來此健行的遊客們，沉浸於芬多精與負離子的森林浴，同時也能透過認識馬偕博士的生平事蹟及宗教信仰，從中獲得心靈啟發，促進身心靈的健康。由於步道位於校園內，環境安全，全線都為平緩的泥土路，走來非常舒適，是一條非常適合闔家出遊的踏青路線。

● 馬偕真愛森林療癒步道

● 生態池

步道路況 👣👣👣👣👣

（路況良好，老少咸宜）

路程時間
全長約1.5公里，環繞一圈約30～40分鐘

交通資訊
【自行開車】
地圖衛星導航輸入「馬偕真愛森林療癒步道」，即可導航至馬偕醫學院。

【大眾運輸】
從捷運淡水站搭乘公車861、876（經北新庄）、879、882至馬偕醫學院站。

附近景點
三芝遊客中心、大坑溪三生步道、橫山里賞桐步道。

旅行建議
順遊三芝遊客中心暨名人文物館、大坑溪三生步道。

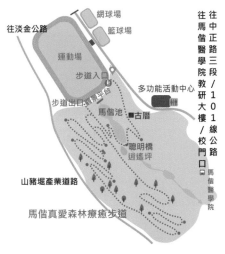

往淡金公路
網球場
籃球場
運動場
步道入口
多功能活動中心
步道出口·觀景平台
馬偕池·古厝
聰明橋 逍遙坪
山豬堀產業道路
馬偕真愛森林療癒步道

往中正路三段／101線公路
往馬偕醫學院教研大樓／校門口
馬偕醫學院

● 步道沿途有馬偕博士醫療傳道事蹟簡介

● 馬偕真愛森林療癒步道位於馬偕醫學院校園內

87 / 挖子尾自然保留區
紅樹林、海岸濕地、漁村聚落

淡水河河口濕地
水筆仔紅樹林園

挖子尾是八里最靠近淡水河出海口的一個漁村聚落。「挖」是台語「靠近」的意思，挖子尾（挖仔尾），是指「靠近尾巴」，傳神地表達聚落位於淡水河尾端的地理位置。

淡水河在注入台灣海峽前的最後折灣，在挖子尾形成了內彎的沙嘴地形，海岸的泥灘地成為水筆仔理想的生長環境，而河海交界處豐富的蜉蝣生物，也成為潮間帶各種螺、蟹、魚、鳥等動物良好的食物來源，在此形成河口紅樹林的生態環境。這處海岸紅樹林已被政府公告為「挖子尾自然保留區」。

挖子尾自然保留區的入口就在挖子尾聚落的村口，完善的木棧道沿著海岸濕地的外圍，遊客可以近距離觀賞保留區內豐富的動植物生態。由於水筆仔能適應海口高鹽分的土壤，因此成為此地優勢樹種，形成一整片的水筆仔純林。這樣的濕地環境，也吸引鳥類棲息，常可看見許多野鳥在濕地覓食。步道沿途也立有導覽解說，介紹此地常見的蟹類、鳥類及主要植物。

步道終點的觀海長堤，可以眺覽淡水河出海口的風景。不過淡江大橋施工期間，暫時封閉，無法進入。挖子尾聚落有不少傳統古厝，其中以建於清朝同治年間的張氏古厝最為有名，是當地保存最完整的古厝，亦可順道一遊。

● 挖子尾漁村聚落的漁船

● 挖子尾聚落張氏古厝

步道路況

（路況良好，老少咸宜）

路程時間	挖子尾自然保留區入口（挖子尾聚落）→20分鐘→觀海長堤（遊全區約1小時）
交通資訊	【自行開車】地圖衛星導航輸入「挖子尾自然生態保留區｜紅樹林保護區」，即可抵達步道入口。 【大眾運輸】從捷運關渡站搭乘公車紅13至挖子尾自然保留區站，步行約200多公尺至步道入口。或從八里渡船頭步行約2.3公里至挖子尾自然保留區入口。
附近景點	八里左岸公園、左岸自行車道、十三行博物館。
旅行建議	可依個人興趣，順遊附近的十三行博物館或騎自行車遊八里左岸。

● 挖子尾自然保留區

88 / 八里左岸步道
渡船頭、Bali地標、婚紗廣場

八里左岸浪漫散步
欣賞淡水河口風光

八里，舊稱「八里坌」，與彰化鹿港、台南鹿耳門港曾是清代三大官港。乾隆時期是八里坌港最輝煌的歲月。

嘉慶年間以後，八里坌港逐漸淤塞，對岸的滬尾港興起，取代了八里坌港。十九世紀晚期，淡水躍居為台灣最大的貿易港，八里坌港則逐漸寂寥，最後成為淡水河的一個內河渡船頭而已。

後來隨著淡水觀光逐漸欣榮，漸有遊客搭乘渡輪來到淡水河左岸的八里遊逛。近十幾年來，政府積極規劃八里的觀光發展，新的遊艇碼頭、河岸步道、觀景平台，還有打造浪漫八里的戶外藝術裝置，成功吸引遊客，也帶動八里的繁榮，如今水岸附近餐廳林立，「八里左岸」已成為熱門的觀光景點。

從八里渡船頭出發，左岸公園設有河岸步道，公園內有數棵老榕，廢棄軍事碉堡變身為觀景平台。續往前行，遇見色彩繽紛的彩色木棧道、河岸八里（Bali）地標、愛心藝術裝置，還有延伸的遊艇碼頭，都是遊客拍照留念的熱門地點。沿著河岸一路散步，還可以通往挖子尾自然保留區。遊客選擇以散步方式前往這處紅樹林生態保護區，也可以選擇租騎自行車前往，還能一路騎往八里著名的十三行博物館。

● 八里左岸戶外藝術裝置

● 八里左岸步道

往挖子尾自然保留區步道

兒童遊樂場

八里婚紗廣場

八里左岸公園

左岸八里碼頭

Bali地標

淡水河

沙灘

老榕碉堡

八里渡船碼頭

八里渡船頭老街

龍米路二段

八里開台天后宮　八里渡船頭

步道路況

（路況良好，老少咸宜）

路程時間	八里渡船碼頭→20分鐘（1公里）→八里婚紗廣場→30分鐘（1.3公里）→挖子尾自然保留區步道入口
交通資訊	【自行開車】地圖衛星導航輸入「新北市八里區八里渡船頭」即可抵達目的地。附近設有收費停車場。 【大眾運輸】搭乘公車682、704、878、963至西門站；或搭乘紅15公車至左岸公園（左岸碼頭）站。亦可搭乘捷運淡水信義線至淡水站，再搭乘渡輪至八里渡船頭。
附近景點	淡水金色水岸、八里開台天后宮、挖子尾自然保留區。
旅行建議	順遊挖子尾自然保留區，或搭乘渡輪前往淡水遊覽淡水老街或金色水岸。

●Bali地標及遊艇碼頭

89 / 觀音山林梢步道

高架棧道、無障礙步道、賞鷹

觀音山最平易的步道
很適合全家老少出遊

林梢步道是觀音山最輕鬆好走的一條步道，步道入口就在觀音山遊客中心附近的生態園區，終點在凌雲禪寺楞嚴閣附近，全長約800公尺，分為兩段，以高架的木棧道為主，平緩好走，是適合全家出遊的休閒級步道。

進入觀音山遊客中心生態園區，園內有生態池及步道涼亭等設施，並設有一座觀景平台，提供遊客登高望遠及賞鳥。每年四月是觀音山著名的賞鷹季節。從生態園區出發，林梢步道大致與凌雲路三段平行，就在馬路旁，高架棧道穿梭林間，沿途視野良好，而棧道寬敞平緩，娃娃車或輪椅都可以輕鬆推著上路。途中有一座觀景平台，提供遊客眺覽風景，也設有涼亭、座椅提供遊客休憩。前行約8、9分鐘，林梢步道與凌雲路三段相會，沿著馬路旁的人行步道續行幾十公尺，即接第二段棧道。第二段棧道入口設有垂直的之字形樓梯至下方的棧道。若是推著輪椅或娃娃車，則建議續行人行步道至凌雲禪寺開山園。

第二段棧道依然平緩好走，約6、7分鐘，抵達終點凌雲禪寺開山園。開山園的楞嚴閣及開山院，都是日治時期的建築，頗具特色，但未開放遊客參觀。這裡設有觀景平台，也有凌雲亭等休憩設施，凌雲亭旁有一尊日治時代的花山院法皇石佛，是日治時代西國三十二所觀音靈場的歷史遺跡。

● 林梢步道入口——觀音山生態園區

● 楞嚴閣

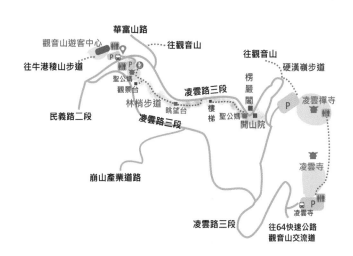

華富山路
觀音山遊客中心
往牛港稜山步道
聖公媽
觀景台
林梢步道
民義路二段
凌雲路三段

往觀音山
往觀音山
硬漢嶺步道
楞嚴閣
凌雲禪寺
凌雲路三段
眺望台
樓梯
聖公媽
開山院
崩山產業道路
凌雲寺
凌雲路三段
往64快速公路
觀音山交流道
凌雲寺

路程時間	觀音山遊客中心停車場→20分鐘→凌雲禪寺開山院（原路來回），來回約1.6公里，步行時間約50分鐘。
交通資訊	【自行開車】地圖衛星導航輸入「觀音山遊客中心」，即可抵達目的地。遊客中心旁有免費停車場。 【大眾運輸】從捷運蘆洲站搭乘橘20公車至觀音山遊客中心站。
附近景點	觀音山遊客中心、牛港稜山登山步道、觀音山硬漢嶺步道。
旅行建議	體力佳者，可以順道造訪牛港稜山登山步道，上爬約30分鐘，抵達牛港稜山出火號觀景平台；續行約15分鐘，抵達步道終點觀景台。

● 觀音山林梢步道

90 / 淡水金色水岸
榕堤、漁港、海關碼頭、水岸風光

漫遊金色水岸風情萬千
瀏覽滬尾百年歷史風華

　　淡水金色水岸位於淡水老街後方的淡水河河岸，長約1.5公里。新北市政府將這段淡水河岸進行景觀規劃，填河造陸，拓展水岸空間，岸邊的商店街也重新改善外觀，各式風情的餐廳林立，提供遊客更好的旅遊體驗。

　　沿著河岸散步，沿途有小徑串連老街景點，福佑宮媽祖廟附近巷弄有不少歷史古蹟，隨時帶給旅人意外的驚喜。

　　抵達淡水第一漁港，即昔日的滬尾漁港，各式特色的餐飲小店環繞著漁港的水岸，假日常見遊客在此喝咖啡或用餐，閒坐聊天，欣賞淡水河風。過此之後，抵達榕堤，水岸一排老榕樹，茂密濃蔭，樹下涼爽，吸引遊客坐憩榕樹下的河堤看風景。接著抵達淡水海關碼頭。昔日的海關倉庫，如今已成為各種主題展覽館，園區也有寬闊的休憩空間，而鄰旁就是著淡水著名的紅毛城及真理大學校區。從淡水海關碼頭續行，就接油車口木棧道，可以一路散步至淡水漁人碼頭。

　　「淡水金色水岸」也是一條自行車道的名稱，起點在關渡宮附近的關渡碼頭，經過竹圍、紅樹林，抵達淡水，長度約10公里。這也是一條適合散步的路線。您可根據自己的體力及時間，選擇從適合的捷運站出發，一路散步到淡水。

● 台灣基督長老教會淡水教會

● 淡水海關碼頭

101　　　往三芝

●淡水紅毛城

淡水海關碼頭
滬尾漁港

亭福佑宮

淡水渡船碼頭

淡水站

淡水河金色水岸

淡水文化園區-殼牌倉庫

八里渡船頭　　　金色水岸自行車道

紅樹林生態步道

紅樹林自然保留區　　　紅樹林站

步道路況

（路況良好，老少咸宜）

路程 時間	捷運紅樹林站→1小時（1.5公里）→捷運淡水站→40分鐘（1.2公里）→淡水海關碼頭。
交通 資訊	【自行開車】地圖衛星導航輸入「捷運淡水站轉乘停車場」（收費停車場），即可抵達捷運淡水站。 【大眾運輸】搭乘捷運淡水信義線至淡水站。或搭乘任何可以抵達捷運淡水站的公車。
附近 景點	紅樹林自然保留區、淡水老街、油車口木棧道。
旅行 建議	從捷運關渡、竹圍或紅樹林站租YouBike自行車騎乘淡水河金色水岸自行車道。

●淡水第一漁港（滬尾漁港）

91 / 淡水油車口木棧道
木棧道、漁人碼頭、夕陽美景

淡水河口看夕陽
漁人碼頭浪漫遊

油車口位於淡水漁人碼頭與淡水老街之間的淡水河岸，沿著河岸建有一條木棧道。這裡遠離老街的喧囂，沒有捷運站附近水岸遊客摩肩接踵的擁擠，面向更寬更廣的淡水河，是淡水著名欣賞夕陽的地點。

從捷運淡水站沿著淡水的金色水岸一路散步，經過淡水海關碼頭後，即進入油車口木棧道，漫步而行，河風送爽，與觀音山遙遙相對，走向淡水河口。途中有右岔路通往附近幾處景點，例如：滬尾藝文休閒園區、一滴水紀念館、滬尾礮台、淡水忠烈祠等。

抵達油車口福德宮，這附近是清代水雷營遺址，不過已無遺跡可尋。油車口，是指榨油的地方。過去花生油是燃料，基於安全，榨油的地點通常都設立於遠離人口稠密的市街外緣。河岸的聚落就是油車口聚落，居民大姓為駱，有著名的駱家祖厝。

經過油車口，繼續沿著中正路一段的人行步道走往漁人碼頭。漁人碼頭位於淡水河出海口的右岸，是休閒遊艇碼頭，海岸設有觀景平台，碼頭旁也有各式各樣的餐廳提供遊客用餐及欣賞海景。漁人碼頭一座人行天橋跨越港區，名為「情人橋」，更是約會及眺覽港灣風光的景點。

● 油車口聚落的紅磚古厝

● 漁人碼頭

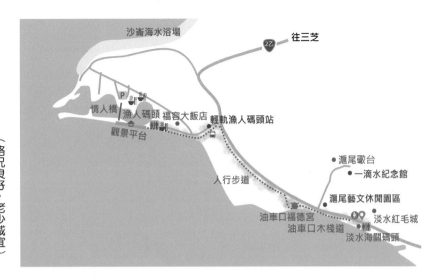

步道路況

（路況良好，老少咸宜）

路程時間	從淡水海關碼頭步行至漁人碼頭約2公里，步行時間約40～60分鐘（含休息及賞景）。
交通資訊	【自行開車】地圖衛星導航輸入「淡水海關碼頭」，即可抵達目的地。鄰旁的紅毛城設有收費停車場，亦可直接導航至「紅毛城停車場」。 【大眾運輸】搭乘捷運淡水信義線至淡水站，步行約1.2公里至淡水海關碼頭。或搭乘公車593、757、837、857、870、872、873、880、紅26、藍海2線至紅毛城站。
附近景點	紅毛城、滬尾礮台、一滴水紀念館、滬尾藝文休閒園區。
旅行建議	建議可從捷運淡水站步行淡水河水岸，一路走往漁人碼頭。回程可搭乘公車或租騎YouBike自行車返回捷運淡水站，或搭乘淡海輕軌至紅樹林站。

● 漁人碼頭情人橋

PART3

基隆市
步道漫遊

92 / 暖東峽谷
峽谷、溪流、斜瀑、森林浴

東勢坑溪上游斜瀑
暖東峽谷溪谷峭壁

暖東峽谷位於基隆市暖暖區的東勢坑溪上游，擁有美麗的溪流、瀑布等峽谷風景，園區免費入園，也設有免費停車場及公共廁所，設施相當完善。

園區內的步道，依難易程度，分為藍色、黃色及紅色，遊客可根據自己的需求，走訪不同的步道。一般遊客建議選走藍色路線，即可觀賞暖東峽谷最具特色的峽谷峭壁及溪谷瀑布。

從園區入口，經過「平靜橋」，走一小段園區柏油路，抵達岔路口，取左行，經過景觀橋，即進入暖東峽谷最菁華的區域。這裡又分為左右兩條路線，一往峽谷峭壁，一往滑瀑。往峽谷峭壁須先爬一段石階路，然後進入平緩山腰路，沿途步道旁的溪谷有幾座小瀑布，抵達景觀橋，溪谷旁的峭壁巨岩，就是著名的暖東峽谷峭壁。續往前行，經過另一座景觀橋後，續有步道上爬通往前方的一座古老石砌小土地公廟。過溪後，續往大菁農場及銜接紅色路線步道。建議一般遊客在景觀橋觀賞峽谷峭壁後原路折返，再走往滑瀑區。

走往滑瀑區，先過一座小橋，然後循著土階步道上行，大約10分鐘即可抵達滑瀑。這座瀑布從巨大傾斜的岩面上方奔流而下，極為壯觀。滑瀑區有山徑可銜接紅色路線步道，建議以原路折返為宜。如要深入探訪，務必注意安全。

● 暖東峽谷平靜橋

● 暖東峽谷溪谷小瀑布

步道路況

（藍色路線，路況良好，注意步道濕滑）

暖東峽谷風景區入口
P 暖東峽谷
東勢坑溪
拉波波村 (基隆市童軍暨生態遊學中心)
平靜橋
景觀橋
服務站 S
紅色路線步道入口
往平溪／雙溪
2丙
基福公路
滑瀑
瀑布 景觀橋
大峭壁
景觀橋 古老土地公廟
往大菁休閒農場

路程時間	暖東峽谷園區入口→25分鐘→暖東峽谷大峭壁（原路折返）→15分鐘→滑瀑（原路折返）→20分鐘→暖東峽谷園區入口
交通資訊	【自行開車】地圖衛星導航輸入「暖東峽谷」，即可抵達基隆市暖暖區東勢街的暖東峽谷園區。園區內設有免費停車場。 【大眾運輸】從暖暖火車站搭乘基隆市公車603至暖東峽谷站。
附近景點	苓寮坑礦業生態園區、十分古道。
旅行建議	基隆市政府已於2022年8月完成暖東峽谷環山遊憩步道改善工程，目前在紅色路線的路況已大幅改善。

● 暖東峽谷步道

93 / 苓寮坑礦業生態園區 / 礦業風華
十分古道、石頭厝、礦場遺跡 / 古道滄桑

　　苓寮坑煤礦位於暖東峽谷上游的東勢坑山林裡，清朝時代即開採煤礦，是基隆現存最古老的礦業遺跡。

　　苓寮坑煤礦遺址現在已成為礦業生態園區，舊有山徑古道已整修為寬闊平緩的枕木碎石子路及高架棧道，沿途設立植物導覽解說牌，介紹路旁各種植物。

　　抵達步道最高點的Ｔ字形路口，右岔路通往礦場遺址，沿途有排煙道、辦公廳、鍋爐間等礦場遺跡，可以繞行一圈，參觀完礦場遺跡，然後回到Ｔ字形岔路口。繼續往左岔路前行，是平緩的山腰步道，沿途有荒廢的石頭厝及竹林，見證了早期採礦及山林拓墾的歷史。

　　步道終點，銜接十分古道的岔路口。由此岔路口取右行，十分古道越嶺五分山鞍部，通往平溪的十分寮，是昔日淡蘭古道支線之一。由岔路口取左行，步行十分古道返回苓寮坑礦業生態園區的入口。十分古道為原始山徑，又經過較潮濕的溪谷地帶，雨後路徑較為潮濕，下行時須特別注意安全。

　　若從園區入口直接走十分古道往平溪，則約50分鐘，可以抵達五分山鞍部的嶺頭福德宮，大約再半小時，即可抵達十分寮的新平溪煤礦博物館。

● 礦業生態園區步道

● 園區內高架的木棧道

步道路況

往東勢街 / 暖東峽谷 / 暖暖市區

東勢坑溪　**東勢坑產業道路**

茄苳樹　山徑

枕木碎石路

茗寮坑礦業
生態園區

木階

菁礐遺址　　石頭厝遺址

木階　　　　　石頭厝遺址

礦場辦公廳遺址　**排煙道**　石頭厝遺址

往平溪十分寮

十分古道

● 茗寮坑石頭厝遺址

路程時間	茗寮坑礦業生態園區入口→25分鐘→礦場辦公廳遺址→25分鐘（經十分古道）→園區入口
交通資訊	【自行開車】地圖衛星導航輸入「茗寮坑礦業生態園區」，即可導航至暖暖東勢坑產業道路終點的園區入口。 【大眾運輸】從暖暖火車站搭乘基隆市公車603至暖東峽谷站，步行台2丙、東勢坑產業道路約1小時（2.2公里）至茗寮坑礦業生態園區入口。
附近景點	十分古道、五分山、暖東峽谷。
旅行建議	順道遊覽附近的暖東峽谷。亦從園區入口步行十分古道至嶺頭福德宮約50分鐘，從嶺頭福德宮續行至五分山約1小時；從嶺頭福德宮續行至新平溪煤礦博物館約30分鐘。

● 茗寮坑礦業生態園區

94 / 友蚋生態園區
礦業遺跡、古橋、溪流、自行車道

漫步友蚋鄉間小路
領略昔日礦村風華

友蚋，位於基隆七堵的山區，曾經是繁榮的礦業聚落。多條運煤台車軌道交錯於這片山區。礦藏枯竭之後，小村寂寥，遺世獨立於山區，散發出落寞礦村的氛圍。

後來友蚋被規劃為「友蚋生態園區」，溪流沿岸闢建步道及自行車道，吸引了懷舊尋幽的旅人，而礦村鄉間小路也成為適合全家出遊的踏青路線。

友蚋一坑口仍保存著運煤台車隧道的遺跡。穿過隧道之後，是長約1公里的「壺穴景觀步道」，沿著溪岸而行，欣賞溪谷壺穴地形，來回約半小時。一坑口有一座古橋跨越友蚋溪（亦稱鹿寮溪），是昔日的運煤橋。過古橋後，對岸的鄉間小路，有農家古厝及田園景色，適合散步或騎自行車，一路漫步，經過友新橋，抵達鹿寮坑，這裡設有一座修復的鹿寮坑台車站，提供民眾懷舊。續行不遠就接鹿寮坑自行車道，沿途有古橋、古厝、溪流風景。步道終點是新興橋。

繼續沿著馬路走往上游方向，就可抵達石公潭，是一座天然溪水游泳池。附近有廢棄的礦坑及一小段台車道舊軌。更往上游處，七堵8橋旁還有一座石砌的雙孔橋遺跡。漫步友蚋鄉間小路，看消逝的礦業遺跡，也是一趟沉澱心靈之旅。

● 友蚋生態園區自行車道

● 友蚋溪（鹿寮溪）

步道路況 👣👣👣👣👣

（路況良好，老少咸宜）

路程時間
興化橋→20分鐘→鹿寮坑車站→25分鐘→新興橋→5分鐘→石公潭，來回約2小時（含休息）

交通資訊
【自行開車】
地圖衛星導航輸入「基隆市七堵區興化橋」，即可抵達一坑口。
【大眾運輸】
從七堵搭乘基隆市公車702至一坑站。

附近景點
瑪西賞桐步道、瑪陵古橋。

旅行建議
友蚋生態園區鄉間小路及步道平緩好走，適合全家出遊。

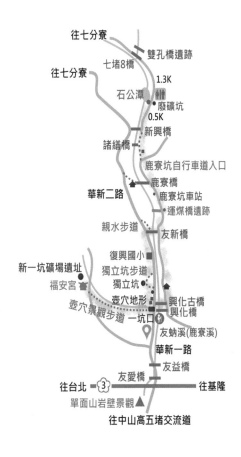

往七分寮
雙孔橋遺跡
七堵8橋
往七分寮
1.3K
石公潭
廢礦坑
0.5K
新興橋
諸繕橋
鹿寮坑自行車道入口
鹿寮橋
華新二路
鹿寮坑車站
運煤橋遺跡
親水步道
友新橋
復興國小
新一坑礦場遺址
獨立坑步道
獨立坑
福安宮
壺穴地形
興化古橋
壺穴景觀步道 一坑口
興化橋
友蚋溪(鹿寮溪)
華新一路
友益橋
往台北 ③
友愛橋
往基隆
單面山岩壁景觀
往中山高五堵交流道

● 運煤古橋

○ 一坑口運煤隧道

95 / 瑪西賞桐步道
觀魚、賞桐、賞櫻

/ 親水公園賞桐戲水
瑪西溪岸賞櫻觀魚

瑪西賞桐步道位於基隆七堵瑪陵坑的富民親水公園內。瑪陵坑溪流經此地，河道形成曲流及潭水，風景優美，溪岸有一小片沙地，因而設立親水公園。

親水公園溪岸有一條簡短的步道，途中有三座竹亭，與溪流及溪岸的竹林相映成趣。近年來興起賞桐的旅遊熱潮，基隆市政府也在這裡打造了一條賞桐步道。賞桐步道位於親水公園的對岸山林，有小橋相通。過橋後，可以右去左回或左去右回繞山腰一圈。步道長約850公尺，爬坡的路段不長，是一條輕鬆的賞桐路線。油桐開花的季節，步道沿途桐花盛開，吸引遊客造訪。步道的最高點，設有小木亭，過小木亭即轉為下坡路，繞回到親水公園。

富民親水公園附近的「日德礦坑步道」也是一條賞桐步道，瑪西遊客服務中心（原瑪陵國小瑪西分班）對面的「櫻花步道」，則是春天賞櫻的好去處。此外，大華三路長潭亭旁有「瑪西焦炭窯」遺跡，瑪陵坑翠谷橋下有古水圳的取水口及壺穴地形，也有一座瑪陵古橋；都是瑪陵坑著名的景點，就座落在馬路旁而已，也可以順路一遊。

● 富民親水公園河岸步道

● 瑪西賞桐步道

● 步道沿途的油桐樹

步道路況

（路況良好，部分泥土山徑）

● 瑪西櫻花步道

● 瑪西焦炭窯

路程時間

瑪西賞桐步道環繞一圈約30分鐘。
瑪陵坑櫻花步道長約400公尺，來回約15～20分鐘。
從富民親水公園走至瑪陵坑櫻花道入口約1.3公里（約20分鐘）

交通資訊

【自行開車】地圖衛星導航輸入「富民親水公園」，即可導航至大華三路富民橋，橋旁有停車空地。

【大眾運輸】從七堵搭乘基隆市公車（經苓蘭農場）至親水公園站。

附近景點

日德礦坑步道、瑪西焦炭窯、瑪陵古橋、石獅山

旅行建議

如自備交通工具，可以造訪瑪陵坑大華三路沿途景點，包括瑪陵古橋、瑪西焦炭窯、櫻花步道、日德礦坑步道、富民親水公園。

● 瑪西賞桐步道

96 / 和平島公園
地質奇觀、海蝕礁岩、阿拉寶灣

全球最美觀看日出景點
和平島海角樂園好風光

基隆和平島公園，又稱「和平島海角樂園」，以海蝕地形著稱，例如：千疊敷、萬人堆，是基隆市著名的風景區。

近年來和平島公園重新規劃，委外經營，園內設施大幅更新，內設有城堡造型遊客中心，海岸設置沙池、溜滑梯等親子設施，海水泳池也重新整修，成為盛夏消暑的海角樂園。

和平島公園內的阿拉寶灣，曾被外國媒體評選為全球最美觀看日出的景點之一，目前已規劃為生態保護區，僅限定季節、限定時段、限定人數，並由專業導覽人員帶領之下，才能進入阿拉寶灣參觀。

和平島公園內的主要步道是環山步道，沿著海岸的山丘，眺覽和平島海岸各種奇形怪狀的海蝕地貌。環山步道入口旁的小廣場，立有一座「硫球漁民慰靈碑」，紀念和平島在日治時代曾經存在過的硫球人聚落。附近海岸的蕃字洞、千疊敷、萬人堆，現在都已劃為保護區。走在環山步道，可以沿途觀看這大自然鬼斧神工的奇岩景觀。步道途中的「等嶼亭」，是欣賞海景的絕佳地點。

遊覽和平島公園之後，也可以造訪和平橋旁的觀光漁市，這裡有十餘家海產餐廳，附近也有八尺門水道、阿根納造船廠遺構、正濱漁港彩色屋等景點。

● 步道通往阿拉寶灣

● 和平島公園環山步道

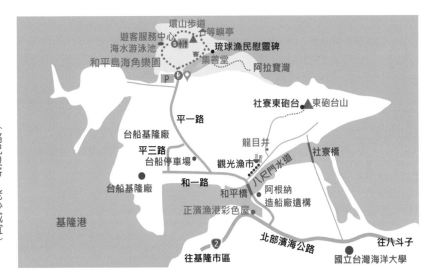

路程時間	和平島環山步道一圈，步行時間約30分鐘。
交通資訊	【自行開車】地圖衛星導航輸入「和平島停車場」，即可導航至和平島公園入口旁的收費停車場。 【大眾運輸】搭乘T88 基隆觀光巴士至和平島公園站；或搭乘基隆市公車101、102至和平島公園站。
附近景點	社寮東砲台、龍目井、正濱漁港彩色屋、阿根納造船廠遺構。
旅行建議	順道遊覽和平島觀光漁市及附近景點。

● 和平島公園遊客服務中心

97 / 海科館容軒步道
山海景觀、平溪深澳支線

眺覽八斗子海洋風光
體驗深澳線鐵道風情

國立海洋科技博物館座落於八斗子的台電北部火力發電廠舊址，容軒園區則是昔日電廠的員工宿舍區，如今也規劃成為海科館的園區。台鐵平溪深澳線在容軒園區設有海科館站，園內也有一條容軒步道，可以登至附近山丘的觀景平台眺覽八斗子的山海風光。

進入海科館的容軒園區，經過綠色隧道之後，即可看見容軒步道的入口。一小段石階路陡上，大約10分鐘，即抵達容軒步道最高點的圓形觀景平台。平台擁有360度的環繞視野，是容軒園區視野最佳之處，海科館主題館、八斗子岬角、深澳岬角、遠處的基隆山及九份山城，都映入眼簾。

續行觀景平台另一側的步道，走下來之後，再循著指標，走往附近的生態池。這條林間小徑，幽靜怡人。生態池旁也設有觀景平台，可以眺覽深澳岬角一帶的海岸風光。這裡另有小路通往海邊的望海巷漁港。循著園區步道下行，抵達步道終點的「容軒」，這是昔日電廠的舊建築。沿著容軒前的柏油路往下走，就繞回到園區的綠色隧道。平溪深澳線的海科館站就在不遠處，若時間充裕，也可以搭乘火車體驗這條復駛的深澳線前往瑞芳，遊覽瑞芳老街。或者造訪國立海洋科技博物館及附近的潮境公園。

● 容軒步道觀景平台眺望潮境公園

● 位於容軒園區內的平溪深澳線海科館站

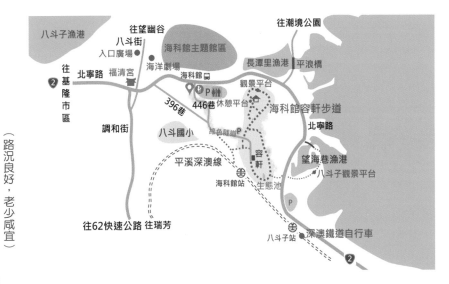

步道路況

（路況良好，老少咸宜）

路程時間	環繞容軒步道一圈，含休息及看風景約一個小時。
交通資訊	【自行開車】地圖衛星導航輸入「容軒步道停車場」，即可導航至海科館容軒園區內的停車場，容軒步道入口就在停車場旁。 【大眾運輸】搭乘T88 基隆觀光巴士、1811、1579A、1579B、1579、1811至海科館站。
附近景點	國立海洋科技博物館、潮境公園、望幽谷、碧砂漁港、望海巷漁港。
旅行建議	順道遊覽國立海洋科技博物館、潮境公園及附近景點。

● 容軒步道生態池

98 / 望幽谷步道
忘憂谷、岬角海岸、大坪海岸海豹石

望幽谷享受海天美景
大坪海岸尋訪海豹岩

望幽谷位於基隆八斗子漁港旁的海岸山丘谷地，擁有一片青青草地，被稱為「望幽谷」，望幽擁有山海美景，風光明媚，令人忘憂，因此又稱「忘憂谷」。

造訪望幽谷，可以直接開車至山頂的101高地停車場，這裡地勢平坦，擁有360度的視野，可以眺覽八斗子海域。從山頂的步道往下行，再走一小段馬路，即可抵達望幽谷步道的入口，從陡峭的階梯下行，即抵達著名的望幽谷草原。步道入口旁亦設有小型停車場。

由於望幽谷上山的道路狹窄，假日來訪時，道路經常塞車且不易找到停車位。建議可以從八斗子漁港旁的步道上山。從漁港旁的巷道進入，抵達望幽谷步道入口。由此上行，一小段步道爬坡之後，即出現美麗海景，步行大約20～30分鐘，即可抵達望幽谷草原，可以環繞望幽谷一圈，再循原路下山；或者繼續爬往山頂的101高地。

八斗子漁港停車場旁有小徑可通往附近的大坪海岸。大坪海岸以海蝕平台地形著稱，其中有一塊著名的「海豹岩」，唯妙唯肖。不過造訪時須先查詢潮汐表，選擇乾潮時前往，以免遇到漲潮時，須涉水而行，較為危險。

● 望幽谷步道（八斗子漁港附近）

● 大坪海岸海豹岩

步道路況

（路況良好，老少咸宜，大坪海岸注意安全）

海豹岩
大坪海岸
豆腐岩
望幽谷　101高地　七斗山　環保復育公園
八斗子油庫
福靈宮　　潮境海洋中心
慈雲寺　　　福舊宮
福靈宮
度天宮　　　　潮境公園
八斗子漁港
八斗街
369巷
區域探索館　3D海洋劇場
國立海洋科技博物館
福清宮　　長潭里漁港　平浪橋
北寧路
往基隆市區
調和街/往62快速公路　　海科館容軒園區　　往望海巷漁港

路程時間

八斗子漁港步道入口→30分鐘→望幽谷→30分鐘→101高地

交通資訊

【自行開車】地圖衛星導航輸入「基隆市中正區八斗子漁港一街福靈宮」，從福靈宮旁巷道進入（路口有望幽谷步道指標），即可抵達步道入口。續往前行，道路盡頭的大坪海岸設有公共停車場。

【大眾運輸】從基隆公車總站搭乘107、108至福靈宮站（八斗子漁港旁）。

附近景點

八斗子碧砂漁港、國立海洋科技博物館、潮境公園。

旅行建議

順道遊覽潮境公園。

● 望幽谷步道

99 / 情人湖環湖步道

湖泊、砲台、賞鷹、觀海

情人湖環湖環山任逍遙
老鷹岩情人塔美景絕佳

　　基隆的情人湖位於大武崙山區的山坳谷地，由數條溪澗匯流蓄水而形成的湖泊，湖面形狀如五爪，因此湖岸曲折而富於變化，湖岸附近森林茂密，湖光山色怡人，園區內有涼亭、觀景平台、吊橋等遊憩設施，是基隆近郊著名的旅遊景點。

　　情人湖的步道由「環湖步道」及「環山步道」交織而成，環湖步道沿途林壑幽美，湖波激灩，步道平緩好走，中途有吊橋連結兩岸，遊客可依個人興趣或體力，走大圈或小圈的環湖步道，或坐憩涼亭欣賞湖景。

　　環山步道也有大圈或小圈環狀路線，步行時間約30～50分鐘。步道途中的情人塔觀景平台，擁有360度的環繞視野，展望絕佳。環山步道最高點的老鷹岩觀景平台，也擁有良好展望，這裡也是基隆著名的賞鷹地點。情人塔附近有兩條支線步道，一為海興步道，通往大武崙澳仔福德宮，另一條通往大武崙沙灘。

　　情人湖風景區與著名的大武崙砲台亦有步道相連。從情人塔附近的步道上行，須爬一段陡坡，才能抵達大武崙砲台。大武崙砲台建於清代，現有的建築格局則是日治時代的遺跡，營盤、砲台基地、彈藥庫、水井、避彈坑、石垣等設施都保存完整，頗具思古幽情，亦可順道一遊。

● 情人湖環山步道眺望大武崙漁港

● 大武崙砲台步道回望情人塔

📍 步道路況 👣 👣 👣 👣 👣

（路況良好，老少咸宜）

路程時間

環湖步道繞湖一周約30分鐘，而環山步道可走大圈或小圈，步行時間約30～50分鐘。

交通資訊

【自行開車】
地圖衛星導航輸入「基隆市情人湖公園」，即可導航至基金一路208巷的情人湖風景區入口。

【大眾運輸】
從基隆總站搭乘基隆市公車509至情人湖站。

附近景點

大武崙砲台、大武崙澳底海灘、外木山情人湖濱海大道。

旅行建議

順道遊覽大武崙砲台

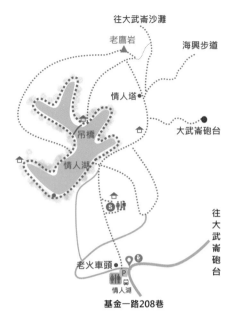

往大武崙沙灘
老鷹岩
海興步道
情人塔
吊橋
大武崙砲台
情人湖
往大武崙砲台
老火車頭
情人湖
基金一路208巷

●大武崙砲台

● 情人塔觀景台

100 / 情人湖濱海大道

山海美景、海水浴場、湖海灣

老少咸宜的海濱步道
觀海觀山兼散步戲水

　　基隆外木山漁港至大武崙澳仔漁村之間，長約3公里的湖海路，一側倚山，一側臨海，有「情人湖濱海大道」的美稱，近年來已全線鋪設步道，成為休閒散步的賞景路線。

　　從外木山漁港出發，漁港旁是著名的「海興海水游泳池」，幾乎每天都有泳客來此晨泳。步道沿著海岸而行，抵達途中的公廁、涼亭，即是外木山濱海自行車道的起點，這也是一條適合步行的無障礙步道，通往大武崙澳底海灘。中途經過的大武崙澳仔福德宮，廟旁有一條「海興步道」，通往情人湖風景區，步道長約1公里。

　　從澳仔福德宮續行不遠，抵達大武崙澳底海灘，這是基隆唯一的海水浴場，夏日時光，吸引許多遊客來此戲水玩樂。海灘旁就是大武崙漁港。繼續前行，抵達湖海灣，設有觀景平台及休憩涼亭。後續有步道通往附近的萬里獅子公園，可以一路散步至萬里漁港。

　　外木山情人湖濱海大道擁有美麗海景，步道沿途又有良好的公共設施，是一條很適合親子出遊的健行路線。不過沿途海岸較少遮蔭，夏日造訪時，應選擇清晨或傍晚時分，才能較舒適地享受沿途的美景。

● 情人湖濱海大道觀景平台

● 基隆市唯一的海水浴場──大武崙澳底海灘

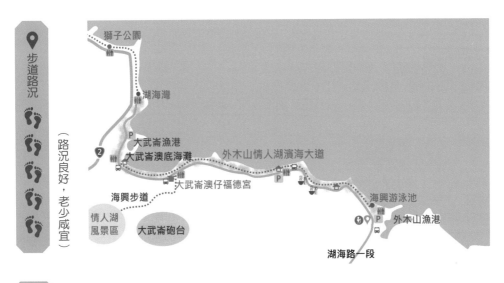

步道路況

（路況良好，老少咸宜）

獅子公園

湖海灣

P 大武崙漁港
大武崙澳底海灘

外木山情人湖濱海大道

大武崙澳仔福德宮
海興步道

P

海興游泳池

情人湖
風景區

大武崙砲台

外木山漁港

湖海路一段

路程時間	外木山漁港→20分鐘→濱海大道入口→30分鐘→大武崙澳底海灘→15分鐘→湖海灣→12分鐘→獅子公園

路程時間
外木山漁港→20分鐘→濱海大道入口→30分鐘→大武崙澳底海灘→15分鐘→湖海灣→12分鐘→獅子公園

交通資訊
【自行開車】地圖衛星導航輸入「外木山漁港」，即可抵達目的地。漁港旁設有停車場。亦可導航至「大武崙漁港」，從另一端進入步道。
【大眾運輸】搭乘基隆市公車305、308至海興游泳池站。

附近景點
情人湖風景區、海興步道、大武崙砲台。

旅行建議
夏日可安排大武崙澳底海灘戲水，亦可步行海興步道（約1公里）前往情人湖風景區。

● 大武崙澳底海灘

Free018

大台北步道 100 影音增強版
PLUS 達人全程帶隊

作者｜Tony（黃育智）
攝影｜Tony（黃育智）
美術設計｜許維玲
編輯｜劉曉甄
校對｜翔榮
企畫統籌｜李橘
總編輯｜莫少閒
出版者｜朱雀文化事業有限公司
地址｜台北市基隆路二段 13-1 號 3 樓
電話｜02-2345-3868
傳真｜02-2345-3828
劃撥帳號｜19234566 朱雀文化事業有限公司
e-mail｜redbook@hibox.biz
網址｜http://redbook.com.tw
總經銷｜大和書報圖書股份有限公司 (02)8990-2588
ISBN｜978-626-7064-01-6
初版三刷｜2022.09
定價｜450 元
出版登記 北市業字第 1403 號

國家圖書館出版品預行編目

大台北步道100影音增強版：PLUS達
人全程帶隊／Tony（黃育智）著
-- 初版. -- 臺北市：
朱雀文化，2021.11
面；公分 --（Free；018）
ISBN 978-626-7064-01-6（平裝）
1.生態旅遊2.臺北市3.新北市4基隆市

733.9/101.6   110017525

About 買書：

●朱雀文化圖書在北中南各書店及誠品、金石堂、何嘉仁等連鎖書店均有販售，如欲購買本公司圖書，建議你直接詢問書店店員。如果書店已售完，請撥本公司電話(02)2345-3868。

●●至朱雀文化網站購書（http://redbook.com.tw），可享 85 折優惠。

●●●至郵局劃撥（戶名：朱雀文化事業有限公司，帳號 19234566），掛號寄書不加郵資，4 本以下無折扣，5～9 本 95 折，10 本以上 9 折優惠。